Richard Förster

Der Suezkanal im Jahre 1915

EHV
HISTORY

Richard Förster

Der Suezkanal im Jahre 1915

ISBN/EAN: 9783955642471

Auflage: 1

Erscheinungsjahr: 2013

Erscheinungsort: Bremen, Deutschland

EHV
HISTORY

Um den Suezkanal

von

Richard Förster
Hauptmann a. D.

Leipzig 1916
Verlag von S. Hirzel

Der Plan einer türkischen Expedition nach Ägypten.

Am 5. Oktober 1915 ergriff in einer Kriegstagung der türkischen Kammer der Kriegsminister Enver Pascha, zum ersten Male seit dem Anschluß der Türkei an die Mittemächte, das Wort und führte aus: Nach den vorbereitenden Schritten für die Expedition nach Ägypten, die für möglich gehalten werde, hätten türkische Truppenteile den Sinai überschritten und das Gelände in der Umgebung des Suezkanals besetzt, das als unentbehrliche Basis für die zukünftigen Operationen angesehen werden müsse. Der Plan des Feindes sei durchschaut und Gegenmaßregeln getroffen worden. Schon dieses vorläufige Heranfühlen an den Kanal habe die osmanische Heeresleitung in der Ansicht bestärkt, eine Expedition gegen Ägypten werde von Erfolg gekrönt sein. Mitte Januar d. J. wußten Athener Blätter aus Konstantinopel zu melden, daß die vierte türkische Armee unter Dschemal Pascha, dem früheren Marineminister, in Damaskus binnen kurzer Zeit bereit sein werde, gegen Ägypten zu ziehen, ebenso die fünfte unter dem Befehl des Marschalls Liman von Sanders Pascha und einige kleinere, arabische, von deutschen Offizieren geführte Heereskörper. Diese Truppen warteten, so hieß es, nur noch auf einige besondere Formationen und einen Teil ihrer artilleristischen

Ausrüstung, der auf dem neu eröffneten Schienenweg über Bulgarien und Konstantinopel herangeschafft werden solle.

Daß eine vereinigte deutsch-österreichisch-türkische Operation versuchen werde, der britischen Weltmacht an der Pforte zu ihren asiatischen Besitzungen den Todesstoß zu versetzen, war wohl von vornherein zu erwarten und wurde fast zur Gewißheit, nachdem durch die Waffenerfolge der Mittemächte und ihrer Verbündeten auf dem Balkan die Brücke zwischen Österreich und der Türkei geschlagen worden war. Alle Schwierigkeiten, die ein Marsch von Konstantinopel nach Suez bietet, mögen sie noch so groß sein, ist die heutige Kriegstechnik und ein bis ins Kleinste genau geregeltes Versorgungswesen der Truppen zu überwinden imstande. Warum sollte modernen Heeren nicht glücken, was schon, wenn auch aus anderer Richtung her, Bonaparte versuchte, der Ägypten bekanntlich als das wichtigste Land der Erde bezeichnet hat und im August 1797 an das französische Direktorium schrieb, um es für den Plan einer Expedition nach dem Nil günstig zu stimmen: „Ägyptens müssen wir uns bemächtigen, um England gründlich zu zerstören."

Und dies Wort hat auch heute noch seine volle Gültigkeit. Nur in Ägypten kann das englische Prestige vernichtet werden, „dieses psychologische Rätsel, vermöge dessen sich im Geiste anderer Völker die naive Selbstüberhebung widerspiegelt, mit der das englische Volk seine Weltherrschaft als etwas Selbstverständliches ansieht. Wie von einer Hypnose befreit, wird die Welt dann aufatmen und nachzudenken beginnen. Mit diesem Augenblick beginnt nicht allein der Tag der Deutschen, sondern bricht auch die sichere Zukunft für die kleinen mitteleuropäischen Staaten an, die unter der britischen Übermacht sehr leiden." (Dr. J. H. Labberton in „De Toekomft".) Nicht militärischer Stärkeentfaltung haben England und Frankreich das Festhalten ihrer nordafrikanischen Besitzungen und die Möglichkeit zur Durchführung einer selbstsüchtigen Politik zu verdanken, sondern einzig und allein ihrem Ansehen. Der Eingeborene blickt zu dem Europäer empor in dem recht irrigen, ihm aber anerzogenen Glauben, er könne mit jenem nicht fertig werden. Über diesen Punkt äußerte sich der russische Schriftsteller W. Shabotinski, der während des ersten Kriegsjahres alle Mittelmeerländer bereist hat, folgendermaßen: „England und Frankreich beherrschen Nordafrika kraft des Ansehens ihrer Macht; dieses Ansehen ist ihr wichtigstes Machtinstrument; seine Einbuße wäre nur der Auftakt zu realeren Verlusten. Hierbei ist für die Araber nicht jenes Examen von Bedeutung, dem diese Macht in Flandern unterworfen ist, sondern bloß das, welches sich an den Dardanellen abspielt. Hier findet der unmittelbare Zusammenstoß zwischen Europa und dem Islam statt, hier wird die Frage entschieden, ob nicht bereits ein Umschwung in den Beziehungen zwischen diesen Kräften eingetreten ist, und ob es nicht an der Zeit sei, den Süden des Mittelmeeres von den kurzröckigen und langhosigen Männern zu säubern. Für Calais und Kowno hat der Araber nur geringes Interesse. Er blickt aber aufmerksam nach Gallipoli hinüber und sagt sich, tua res agitur."

Das Dardanellenunternehmen, das mit so viel eitler Selbstüberhebung und Ruhmredigkeit begonnen wurde, ist elend gescheitert, englisch-französische Anmaßung zerschellte an dem ausdauernden Heldenmut der osmanischen Krieger. Der Araber sieht darin einen Sieg des Islam, und die dadurch in ihm erwachende Überzeugung, daß die Moslims den Christen gewachsen sind, gibt ihm sein Selbstbewußtsein zurück, und dieses wird der bisher für unüberwindlich gehaltene Brite im Heiligen Kriege noch gewaltig zu spüren bekommen.

Englands Willkürherrschaft in Ägypten.

Zu Pfingsten des Jahres 1912 traten auf Malta die englischen Minister Asquith und Churchill mit dem Oberbefehlshaber der britischen Streitkräfte im Mittelmeer, dem später an den Dardanellen so unberühmt gewordenen General Sir Jan Hamilton, ferner dem Kommandanten der Festung Gibraltar und Lord Kitchener, dem damaligen englischen Generalkonsul in Ägypten, zu einer Beratung über die Verwendung der Land- und Seetruppen Großbritanniens im Mittelmeer zusammen. Es folgten am 25. Juni desselben Jahres die Äußerungen Churchills im Unterhause über die Entfernung englischer Kriegsschiffe aus dem Mittelländischen Meer und bald darauf die viel beachteten Erörterungen Lord Beresfords in der „Daily Mail", sowie die freimütige Rede des Feldmarschall Roberts über den Mangel an Ersatz der Marinemannschaften infolge vermehrter Auswanderung und verminderter Zahl der Geburten in England. Trotz dieser für neue Marinepläne doch ungünstigen Verhältnisse kündigte wenige Wochen später der Marineminister an, es sei beabsichtigt, im Hafen von Alexandrien eine britische Flottenstation anzulegen — ein erneuter Beweis, wieviel Wert England auf die Festigung seiner Stellung im Mittelmeer und auf die unbedingte Freihaltung des Seewegs durch das Rote Meer nach seinen ostasiatischen Kolonien legt, aber auch ein Zeichen dafür, daß es für seinen Besitz zu fürchten begann.

Was will England in Ägypten? „Das Wesentliche bei der ägyptischen Politik der englischen Staatsmänner — sagt Dr. Carl Peters — ist die Kontrolle über die große Völkerstraße nach Ostafrika, Indien, dem fernen Osten und Australien, sowie die Entwicklung und Ausbeutung der wirtschaftlichen Hilfsquellen dieses Landes." Zu diesem Zweck in Ägypten eine bedeutende, nach verschiedenen Richtungen hin verwendbare Truppenreserve aufzustellen, ist in Downing Street schon wiederholt erwogen worden. Zuerst „reorganisierte" England das ägyptische Militär, d. h. es besetzte alle höheren und wichtigen Posten in der Armee des Khedive mit englischen Offizieren. Dadurch wurde stillschweigend diese Armee zu einem Teil der britischen. Auch die Vermehrung der englischen Besatzungsarmee und die Verlegung des Oberkommandos über die Mittelmeertruppen von Malta nach Alexandrien war schon oft Gegenstand ernster Beratungen. Über diese hinaus kam es allerdings bis zum Ausbruch des Krieges nicht; nur einmal — wenn ich nicht irre, war es im Herbst 1911 — vergrößerte man die ägyptischen Garnisonen insgesamt um die verschwindend geringe Zahl von 500 Mann. Um die vollständige Sicherung des Suezkanals für die ausschließlichen Interessen Englands zu ermöglichen, hielt man die Schaffung einer Flottenstation in der Nähe des Kanaleingangs für erforderlich. Damit wäre nur ein Schritt weiter geschehen auf dem Wege, den Großbritannien sich mit rücksichtsloser Klarheit für seine ägyptische Politik vorgezeichnet hatte.

Vielleicht war es doch die Furcht vor internationalen Verhandlungen oder gar Verwickelungen, die die Verwirklichung dieses Planes seinerzeit verhinderte. In der Konvention von 1904 hatte England zugesagt, es werde den status quo in Ägypten wahren und alle diejenigen „Interessen dieses Landes" nachhaltig vertreten, die zur Intervention im Jahre 1882 geführt hatten. Damals wurde auch die Stärke der britischen Besatzungsarmee festgelegt und so ohne weiteres hätte man diese Zahlen wohl doch nicht zu überschreiten gewagt. Allerdings war dabei von Marinetruppen nicht die Rede gewesen. Die Hauptfrage ist aber doch, ob die Erhaltung der englischen Oberherrschaft im Mittelmeer zu den „Interessen Ägyptens" gehört. Auf keinen Fall! Hier wurden wieder, wie schon oft in Ägypten und im Sudan, die englischen Interessen mit denen des ägyptischen Landes und Volkes „verschmolzen", sehr zum Nachteil des letzteren, und es war nur allzu begreiflich, daß im Niltal gegen diese Art von „Schutzherrschaft" eine scharfe Opposition sich geltend machte.

In seiner hochbedeutenden, von großer staatsmännischer Einsicht zeugenden Rede im Reichstag am 19. August 1915 wies der Reichskanzler in packendem und doch vornehmmaßvollem Tone, wie ihn nur die unwiderlegliche Wahrheit findet, alle die verlogenen Vorwürfe Englands, des angeblichen „Beschützers kleiner Reiche", zurück, Deutschland hätte nur aus Kriegslust und Ländergier den Weltkrieg heraufbeschworen. Er erinnerte dabei an die britische Vergewaltigung Ägyptens. Mit der offiziellen Erklärung seines Protektorats im Dezember 1914 hat Großbritannien in Ägypten nur die lange Reihe seiner empörenden Willkürakte gegen den türkischen Sultan, als suzeränen Lehnsherrn des Landes, und gegen Abbas II. Hilmi, als erblichen Khedive, gekrönt.

Es wird sich wohl verlohnen, einen Blick auf die Geschichte der Vergewaltigung Ägyptens durch die englischen Staatsmänner zu werfen. Bietet sie doch geradezu ein Musterbeispiel der planmäßigen, mit unerhörter Rücksichtslosigkeit allem Völkerrecht hohnsprechenden britischen Eroberungspolitik.

Im Jahre 1838 hatte England den Hafen von Aden erworben und sein Bestreben war es von da ab, den Weg nach Asien ganz in seine Hand zu bringen. Ägypten wurde seit der im Jahre 1869 erfolgten Vollendung des Suezkanals die Eingangspforte zu dieser dem Weltverkehr neue Bahnen weisenden Völkerstraße. Dies Land vor allem glaubte Großbritannien daher keiner anderen Seemacht überlassen zu dürfen. Frankreich war anfänglich der gefährlichste Mitbewerber um das heiß begehrte Gebiet. Die französische Niederlage von 1870/71 wußte jedoch England in Nordafrika zu seinem Vorteil auszunutzen und seinen Nebenbuhler dort immer mehr in den Hintergrund zu drängen. Als dann der Khedive Ismail Pascha dem völligen finanziellen Zusammenbruch nahe war, kaufte ihm Disraeli im Jahre 1876 seine Suezkanal-Aktien ab und begründete damit eigentlich die britische Oberherrschaft in Ägypten und im ganzen Mittelmeer. Bismarck, der ursprünglich auf eine türkische Intervention gehofft hatte, die aber aus Mangel an Geld ausblieb, zeigte sich, nach zeitweiliger Billigung einer englisch-französischen Kontrolle über die ägyptischen Finanzen, später, wenn auch nicht ganz offenkundig, den Plänen Englands, Ägypten ganz einzustecken, nicht abgeneigt. Er sah in der ägyptischen Frage eine Bedrohung des europäischen Friedens und wünschte deshalb deren baldige und endgültige Lösung. Auf der Botschafterkonferenz in Konstantinopel im Sommer 1882 wurde das sogenannte »protocole de désintéressement« vereinbart, durch das die Mächte sich verpflichteten, im Falle gemeinsamen Vorgehens zur Regelung ägyptischer Angelegenheiten „weder irgendeinen territorialen Vorteil, noch die Einräumung eines ausschließlichen Sonderrechts oder eines kommerziellen Vorteils für ihre Untertanen zu erstreben, soweit nicht auch jede andere Nation die gleichen Begünstigungen erlangen könne". Schon damals drehten sich die diplomatischen Verhandlungen hauptsächlich um die Neutralisierung des Suezkanals, der England nicht zustimmen zu können behauptete, weil dadurch der Kanal für Kriegsschiffe gesperrt würde. Man einigte sich schließlich dahin, daß die Neutralität keine absolute, sondern nur eine relative, den Kanal und seine Umgebung jeder kriegerischen Handlung entziehende sein sollte. Hinsichtlich der Frage über die sofort notwendigen Sicherheitsmaßregeln am Kanal gab Fürst Bismarck, und mit ihm Österreich und Italien, dem Standpunkt Ausdruck, daß dies allein Sache der Türkei sein müßte. Aus Mangel an Geld trat letztere jedoch nicht in Aktion, Frankreich verhielt sich gleichfalls untätig, die Botschafterkonferenz löste sich nach wochenlangen, ergebnislosen Verhandlungen in Wohlgefallen auf und — England, hilfsbereit wie immer, wo es seinen Vorteil gilt, bemächtigte sich der wichtigen Pforte zur Straße nach Ostasien auf Grund einer Generalvollmacht, die Admiral Seymour dem Khedive Mohammed Tewfik Pascha ablockte. Die in Alexandrien ausbrechenden Unruhen wurden bald darauf den Engländern zum willkommenen Vorwand, am 11. Juli 1882 Hafen und Stadt zu beschießen. Frankreich, das nur der Form halber um seine Mitwirkung dabei ersucht worden war, hatte abgelehnt. Es „verfolgte diese negative Politik in Ägypten auch aus Revanchegedanken gegen Deutschland, aus Furcht vor einem Präventivkrieg Bismarcks und einem Umschlag seiner Ägyptenpolitik nach der Seite der Kontinentalmächte hin, vielleicht auch aus Sorge vor dem Verlust seiner Selbständigkeit an England". (Dr. Maximilian von Hagen, England und Ägypten.)

England hatte nun — entgegen allen vereinbarten Rechtsverbindlichkeiten — am Nil die Oberhand. Schon im August 1882 ergriffen 16 englische Kriegsschiffe Besitz vom Suezkanal, 20000 Mann wurden an Land gebracht und mit der Schlacht von Tel-el-Kebir am 13. November desselben Jahres, in der der aufständische Arabi Pascha geschlagen wurde, war Ägyptens Schicksal besiegelt. England hatte sich der wichtigsten Etappe auf dem Wege zu seinen indischen Kolonien bemächtigt unter dem Anschein, in idealer Uneigennützigkeit dem Sultan unschätzbare Dienste geleistet zu haben.

Die Erklärungen Gladstones und Granvilles vom Jahre 1882, daß die britischen Truppen in Ägypten nur „zur Herbeiführung geordneter Zustände dienten und nach Erreichung dieses Zweckes zurückgezogen werden sollten", waren nichts anderes als scheinheilige Rechtfertigungsversuche echt englischer Willkür gewesen. Es hat sich seitdem gezeigt, daß Großbritannien an eine Räumung Ägyptens niemals im entferntesten gedacht hat, und die großen Kasernenneubauten am Rande der östlichen Wüste bei Kairo sind der steingewordene Ausdruck des britischen Willens, scharfe Wacht zu halten am Suezkanal.

Das ist in Kürze die Geschichte der englischen Besitzergreifung des Suezkanals. Nach späteren, mehrfachen Verhandlungen über die Schiffahrtfreiheit in dem Kanal wurde durch den Vertrag von Konstantinopel (29. Oktober 1888), zu dessen Signatarmächten auch Großbritannien gehörte, vereinbart: „Der maritime Suezkanal wird stets, in Kriegszeiten wie in Friedenszeiten, jedem Handels- oder Kriegsschiffe frei und offen stehen.“

Wie England in dem jetzigen Weltkriege sich über diese klare Rechtsverbindlichkeit hinwegsetzt, steht wohl einzig da in der Geschichte der Völker! Es behandelt den Suezkanal als Eigentum und legt dort Befestigungen an, die ihm den Weg nach Indien offen halten sollen. Es kapert Schiffe im Kanal und verfügt über deren Ladung nach selbstherrlichem Ermessen. Gleich bei Beginn des Krieges hielt es in sämtlichen ägyptischen Häfen die deutschen Dampfer zurück und untersuchte sogar diejenigen neutraler Mächte.

England, das auf unser Angebot, „ihm die Integrität Belgiens zu gewährleisten, wenn es neutral bleiben wolle“, nur die stolze Antwort hatte, es treibe keine derartigen „Handelsgeschäfte“, konnte nicht zutreffender der Lüge überführt werden, als durch den vorerwähnten Hinweis des Reichskanzlers auf Ägypten. Aber Sir Edward Grey, der Meister scheinheiliger Lüge, entblödete sich nicht, im August 1914 vor dem englischen Parlament zu sagen: „England streckt die Hände aus zu jeder Nation, deren Sicherheit oder Unabhängigkeit bedroht oder angegriffen wird.“ Ganz in demselben Geiste und Stil äußerte sich General Maxwell, der Oberbefehlshaber über die britischen Streitkräfte in Ägypten, in einer Proklamation, die er am 7. November 1914 zu Kairo veröffentlichen ließ. Es heißt in derselben: „Großbritannien kämpft gegenwärtig für den doppelten Zweck: um die Rechte und Freiheiten Ägyptens, gewonnen ehemals auf den Schlachtfeldern von Mehemet Ali, und um die Fortsetzung des Friedens und der Wohlfahrt, die das Land während der 32 Jahre der britannischen Besetzung genoß, zu sichern.“ Dr. M. M. Rifat, der Präsident des Ägyptischen Nationalkomitees, hat eine Anzahl besonders „belastender Dokumente für englische Heuchelei“ in einer kleinen Schrift gesammelt, von denen wir einige besonders beleuchten wollen.

Es gärte gewaltig in Ägypten während des Frühjahrs und Sommers 1882, und der Wut des fanatischen Pöbels von Alexandrien fielen zahlreiche Europäer zum Opfer. Zwar wurde die äußere Ruhe bald wiederhergestellt, aber die Ägypter sahen voll Angst ihre nationale Selbständigkeit gefährdet, da mit einer Landung türkischer Truppen gerechnet werden mußte und Kriegsschiffe europäischer Mächte vor Alexandrien kreuzten. Nun griff, wie schon vorher erwähnt, England ein! Truppen wurden gelandet, angeblich nur in der menschenfreundlichen Absicht, dem erregten Lande die Ruhe zu bringen. Sir Beauchamp Seymour, der Kommandierende der britischen Flotte an der ägyptischen Küste, erließ im „Offizial Journal“ vom 28. Juli eine Botschaft an den Khedive Tewfik folgenden Wortlauts: „Ich halte es für angebracht, Euer Hoheit ohne Verzögerung nochmals zu bestätigen, daß die Regierung Großbritanniens nicht die Absicht hat, Ägypten zu erobern oder in irgendeiner Weise die Religion oder Freiheiten der Ägypter anzutasten. Ihr einziger Zweck ist, Eure Hoheit und das ägyptische Volk vor den Rebellen[!] zu schützen."

Also „Rebellen" nennt der Engländer ein Volk, das in berechtigter Notwehr eines fremden Eindringlings sich entledigen will! Selbst der dümmste Fellache hat wohl kaum geglaubt, daß nur aus Mitgefühl mit den „armen" Ägyptern Alexandrien von seinen britischen Rettern bombardiert worden ist, die dem Lande „liberale Einrichtungen ihrer Art — nach einem Ausspruch des Sir Charles Dilke im Hause der Gemeinen — nicht aufdringen, sondern ihm die Wahl freistellen wollten" und auch nicht wünschten, sich „über das absolut Notwendige hinaus" in die innere Verwaltung des Landes zu mischen oder gar die Regierung Ägyptens durch Ägypter zu hindern. Welch eine Fülle phrasenhafter Lügen!

Was hat man in der Folge den Ägyptern nicht alles vorerzählt, besonders um sie über das Verbleiben der englischen Besatzungstruppen im Lande hinwegzutrösten! Und doch versicherte Gladstone bereits im August 1882, daß eine endgültige Besetzung Ägyptens ausgeschlossen sei, weil diese unvereinbar wäre mit den Prinzipien der britischen Regierung und den „Gelübden, die sie Europa gegeben habe", und Lord Dufferin depeschierte nach Kairo: „Es war unsere Absicht, unser Verhältnis zum ägyptischen Volk so zu gestalten, daß es uns ganz natürlich als seinen besten

Freund und Ratgeber betrachtet, niemals aber wollten wir ihm in schiedsrichterlicher Art unsere Ansichten aufdrängen oder es unter irritierender Vormundschaft halten."

Lord Dufferin sprach es sogar ganz offen aus, daß das Niltal nicht von London aus verwaltet werden könne, ohne den Haß und das Mißtrauen seiner Bewohner gegen die englische Regierung zu erregen. Als in der öffentlichen Meinung, besonders während des Jahres 1883, wiederholt der Wunsch nach einer dauernden Besetzung Ägyptens Ausdruck fand, erklärte Gladstone im Hause der Gemeinen: „Wir sind gegen diese Annexionsdoktrin, wir sind gegen alles, was ihr ähnlich ist oder sich ihr nähert. — Wir sind dagegen, weil unsere heiligsten Gelöbnisse es uns gebieten, die wir der Welt in der feierlichsten Form und unter den kritischsten Umständen gegeben haben, Gelöbnisse, die uns das Vertrauen des ganzen Europa eintrugen und in der Zeit schwieriger und delikater Operationen erhielten."

Man wende nicht ein, daß die Zeiten und mit ihr die Ansichten seit jenen fernen Jahren sich vollständig geändert hätten, denn derselbe Gladstone gab noch im Jahre 1893 vor dem Parlament die Erklärung ab: „Ich kann lediglich meiner allgemeinen Ansicht dahin Ausdruck geben, daß die Okkupation Ägyptens die Übernahme von Schwierigkeiten und Lasten bedeutet; daß eine dauernde Besetzung unserer traditionellen Politik [!] widersprechen würde und daß sie sich mit Treu und Glauben gegenüber der suzeränen Macht nicht vereinigen ließe, weil sie den Gesetzen Europas zuwider wäre." Sir Eldon Gorst, der Vorgänger Lord Kitcheners als britischer Generalkonsul in Kairo, sagte am 24. Oktober 1908 zu Dr. Nimr, dem damaligen Schriftleiter des „Al Mokattam", einer arabischen, aber englandfreundlichen Zeitung, der ihn fragte, ob es wahr sei, daß England das Protektorat über Ägypten erklären wolle: „Das Gerücht ist vollkommen grundlos und sie können es kategorisch dementieren. England hat sich durch offizielle Verträge der Türkei und den europäischen Mächten gegenüber verpflichtet, die Suzeränität des Sultans in Ägypten zu respektieren. England wird seine Verträge halten, um so mehr, als es sie im Jahre 1904 beim Abschluß des englisch-französischen Abkommens erneuert hat."

Seit diesem Abkommen war aber das Verhältnis der Türkei zu Ägypten beinahe eine Farce zu nennen. Weil Ägypten alljährlich einen Tribut von 772 000 Pfund nach Konstantinopel zu zahlen hatte, galt es als Vasallenstaat der Türkei. Die bedeutungslosen und vielfach unklaren Firmane vom Jahre 1841 an bieten jedenfalls keine genügende Rechtfertigung dieser Beziehungen, und doch sind sie fast die alleinige Quelle, aus der man die staatsrechtliche Stellung Ägyptens gegenüber dem Osmanischen Reiche erklären könnte. Dieses hatte allerdings bisher wenig Fähigkeit gezeigt, seine Suzeränitätsrechte zu behaupten und die aus ihnen sich ergebenden Pflichten zu erfüllen. England hatte sie stillschweigend, und wahrlich nicht zu seinem Nachteil, übernommen. Es soll aber auch nicht verkannt werden, daß die britische Regierung viel für Ägypten getan hat. Jedoch mit welcher empörenden Willkür wurde dabei vorgegangen! Der Firman des Sultans vom 27. März 1892, der die Machtbefugnisse des Khedive regelt, wurde mißachtet und das Khediviat sank zu einer Scheinregierung herab.

Den einheimischen Ministern wurden englische „Ratgeber“ zur Seite gestellt, die tatsächlich die Amtsgeschäfte führten, während die Minister dem Volke gegenüber die Verantwortung zu tragen hatten. Die Finanzen des reichen Landes flossen zum großen Teil in den britischen Staatssäckel. Frankreichs etwaiger Widerstand wurde durch die Überlassung von Marokko, das England gar nicht zu vergeben hatte, mundtot gemacht und Rußland köderte man durch Persien. Große, unter ägyptischer Herrschaft abgebröckelte Gebietsteile am oberen Nil wurden zurückgewonnen und ein Vertrag zwischen England und dem Khedive schuf im Sudan ein ägyptisch-englisches Kondominium, das aber den Engländern die tatsächliche Verwaltung des Sudans mit großem Geschick in die Hand spielte, und auf Kosten Ägyptens unterhält Großbritannien eine Besatzungsarmee am Nil. Ein Einspruch von seiten der europäischen Staaten gegen diese Vergewaltigung Ägyptens erfolgte nicht, vielmehr hatten Frankreich und nach ihm die übrigen Großmächte seit dem Jahre 1904 auf jede Einmischung in die ägyptischen Verhältnisse verzichtet.

Abbas II. Hilmi.

Die Vorgänge, die zur Vertreibung des rechtmäßigen Vizekönigs, Abbas II. Hilmi, durch einen unerhörten Willküraskt der Engländer führten, dürfen als bekannt vorausgesetzt werden. Eine kurze Charakteristik des Khedive möge hier Platz finden: Sehr jung war er zur Regierung gekommen. Sein Vater hatte, wohl im Vorgefühl seines baldigen Todes, den jugendlichen Prinzen vorzeitig für großjährig erklärt. Ursprünglich sehr gegen die Engländer eingenommen, deren Anwesenheit in seinem Lande ihm begreiflicherweise als eine Schmälerung seiner Rechte und als eine Behinderung in der freien Ausübung seiner Herrscherpflichten erschien, hatte er im Laufe der Jahre gelernt, sich in das Unvermeidliche zu fügen. Er ertrug die britische Bevormundung in der richtigen Erkenntnis, daß sein Land noch nicht zur vollkommenen Selbstregierung herangereift ist, und wohl auch in gerechter Würdigung der wirtschaftlichen Verdienste, welche sich die Engländer ohne Zweifel um Ägypten erworben haben. Allerdings lassen sie sich ihre Arbeit recht reichlich bezahlen! Klingt es nicht gerade jetzt wie Selbstironie, wenn der Sultan in seinem an Abbas Hilmi gerichteten Firman vom 27. März 1892 sagt: „Alle Einkünfte des Khedíviats Ägypten sollen in Meinem kaiserlichen Namen erhoben werden. Da die Bewohner Ägyptens Mir untertan sind und als Meine Untertanen niemals irgend welche Unterdrückung oder Willkür erdulden dürfen, soll mit dieser Maßgabe der Khedive von Ägypten, dem die Handhabung der polizeilichen, finanziellen und gerichtlichen Verwaltung des Landes anvertraut ist, befugt sein, alle Vorschriften und Gesetze für die Ordnung im Innern, die zu diesem Zweck erforderlich sind, auszuarbeiten und zu erlassen. Der Khedive soll sich unter keinem Vorwand und aus keiner Veranlassung der Privilegien zugunsten Fremder entäußern, die Ägypten und ihm bewilligt sind und die einen integrierenden Bestandteil der souveränen Gewalt ausmachen — noch irgendeines Teiles des Staatsgebietes."

Privilegien! Souveräne Gewalt! Volltönende, aber leere Worte — weiter nichts! Schon unter Lord Cromers tatkräftiger Amtsführung war das Khediviat zur Scheinregierung herabgesunken und das blieb auch weiter so unter der milden Versöhnungspolitik des kränklichen Sir Eldon Gorst. Dann kam Lord Kitchener ins Land, von dem später noch ausführlicher zu reden sein wird, der Besieger des Mahdi, der jetzt durch seine prahlerischen Reden und Erlasse seinem Ruhm selbst das Grab gräbt. Er war in Wahrheit der „ungekrönte König von Ägypten". Abbas Hilmi konnte nichts Klügeres tun, als der Gewalt nachzugeben, wenn auch schweren Herzens. Mit feinem Takt verstand er es, seine Stellung gegenüber dem englischen Obervormund, der seine Gewalt hinter dem bescheidenen Titel eines Generalkonsuls verbarg, so zu gestalten, daß ernste Konflikte vermieden wurden. Ängstlich war er jedoch immer auf die äußerliche Wahrung seiner Herrscherwürde bedacht.

Wer sich den Ex-Khedive als einen orientalischen Fürsten vorstellt, wie ihn die Märchen aus „Tausend und eine Nacht" schildern, der würde sich allerdings sehr irren. Abbas Hilmi hat auf dem Theresianum zu Wien eine durchaus abendländische Bildung genossen. Er spricht fließend deutsch, mit einem leichten Anklang an das Wienerische, und beherrscht außerdem die französische, englische und italienische Sprache. Träges und üppiges Dahinleben in süßem Nichtstun, das der Orientale so sehr liebt, kannte er nicht. Sein Tag war vollbesetzt mit Arbeit. In Beratungen mit seinen Ministern und offiziellen Empfängen bestand hauptsächlich seine Monarchentätigkeit, und da das übrige die Engländer besorgten, hatte er Zeit genug, sich der Verwaltung und Vergrößerung seines persönlichen Besitzes mit allem

Eifer zu widmen. Das wird ihm sicherlich niemand verdenken.

Denn Abbas Hilmi ist sehr reich. In Ägypten und Kleinasien besitzt er bedeutende Ländereien und einige seiner Güter sind wahre Musterwirtschaften. Mit größtem und überaus verständnisvollem Interesse verfolgt er alle technischen Erfindungen, die der Landwirtschaft nutzbar gemacht werden, und bildete sich bisher in selbstgegründeten Schulen die Kinder Eingeborener zu brauchbaren Arbeitern heran. Sehr häufig bereiste er seine Besitzungen und überzeugte sich eingehend vom Stand ihrer Bebauung. In Kairo hat er große und prächtige Wohnhäuser errichten lassen, die in baulicher und gesundheitlicher Beziehung auch den verwöhntesten europäischen Anforderungen genügen. Ganze Straßenzüge sind ausschließlich sein Eigentum.

Durch vielfache Reisen auf seiner schönen Jacht „Mahroussa" hat der Vizekönig seine Kenntnisse abendländischer Kultur erweitert und durch alljährliche Besuche in Konstantinopel, als ein stets gern gesehener Gast, die Beziehungen, die er zu der Person des Sultans und zur Hohen Pforte hatte, gefestigt. Etwa die Hälfte des Jahres war er fern von Ägypten, verbrachte aber den Fastenmonat Ramadan fast immer in seinem Lande.

Während des Winters bewohnte Abbas Hilmi zumeist das von herrlichen, weit ausgedehnten Park- und Gartenanlagen umgebene Schloß Koubbeh bei Kairo und in den Sommermonaten den Ras-el-Tin-Palast bei Alexandrien, oder er lebte in dem auf einer Anhöhe am Meer gelegenen Schloß Montazah, dessen blühende Gärten er aus dem Wüstenboden hervorgezaubert hatte. Empfänge, Gastmähler und sonstige Veranstaltungen, die ihm als Landesherrn oblagen, wurden in den weiten Räumen des Abdin-Palastes in Kairo abgehalten.

Aus seiner mit Ikbal Hanam am 19. Februar 1895 geschlossenen Ehe sind zwei Söhne und vier Töchter entsprossen. Der Thronerbe, Erbprinz Abdul Monem, und sein Bruder, Prinz Abdul Kader, erhalten zurzeit eine sorgfältige Erziehung in Genf.

Das ägyptische Volk liebt seinen rechtmäßigen Herrscher ebensosehr, wie es den ihm von Englands Gnaden aufgedrungenen Khedive Prinz Hussein Pascha, einen Onkel Abbas Hilmis, haßt und verachtet.

Lord Kitchener.

Seit der Niederwerfung des von Arabi Pascha geleiteten Aufstandes im Jahre 1882 sitzen, wie schon gesagt, die Engländer fest in Ägypten. Lord Cromer wurde zum britischen Generalkonsul in Kairo ernannt und regierte dort wie ein unumschränkter Herrscher. Er schaffte Ordnung mit eiserner Hand und tat sehr viel für die wirtschaftliche Hebung des Landes, wobei er die Mitarbeit der Eingeborenen vollkommen ausschaltete und sich ausschließlich junger, ihm blindlings folgender Engländer als Gehilfen bediente. Auf Lord Cromer folgte Sir Eldon Gorst, auf ein rücksichtsloses Herrenregiment, das kein Verlangen der Ägypter nach Selbständigkeit aufkommen ließ, eine Politik der Versöhnung, die den Eingeborenen größere Freiheiten gab und ihr Heranreifen zur Selbstregierung zu fördern versuchte. Eine derartige Behandlung versteht der Orientale aber nicht.

Schonendes Entgegenkommen sieht er für Schwäche an. Es ist daher nicht zu verwundern, daß unter diesem milden Regime die aufrührerische Bewegung der ägyptischen Nationalisten erstarkte und schließlich, im Februar 1910, sogar zur Ermordung des Ministerpräsidenten Butros Pascha Ghali, eines Kopten, führte.

Sir Eldon Gorsts Politik war gescheitert, und in Downing Street sah man sich jetzt nach einem Manne um, der mit eisernem, nötigenfalls auch vor brutaler Gewalt nicht zurückschreckendem Willen Ordnung schaffen und vor allem das gesunkene Ansehen der Engländer in Ägypten wieder heben könne. Man fand ihn in Lord Kitchener.

Anfangs tauchten Zweifel auf, ob der Sieger von Khartum in seinem vierundsechzigsten Lebensjahre noch gewillt sein werde, sich mit der Tätigkeit eines Verwaltungsbeamten und gleichzeitig eines Diplomaten zu begnügen, er, der bisher alle Posten ausgeschlagen hatte, auf denen man ihm nicht völlig freie Hand lassen wollte oder konnte, und der nicht lange vorher es abgelehnt hatte, sich auf Malta als Oberkommandierender der britischen Streitkräfte im Mittelmeer kaltstellen zu lassen. Auch wurden in der liberalen Presse Englands Stimmen laut, die es als sehr gewagt bezeichneten, einen Soldaten an die Spitze einer Zivilverwaltung zu setzen — und das mit um so mehr Berechtigung, als an Männern, die im Staatsdienst aufgewachsen waren, durchaus kein Mangel in England herrschte. Aber gerade die Wahl Lord Kitcheners war ein klug erwogener Schachzug der englischen Regierung. Dadurch, daß sie einen Kriegsmann von unbeugsamer Energie und durchgreifender Rücksichtslosigkeit nach Kairo schickte, zeigte sie den Ägyptern von vornherein, was sie zu erwarten hatten, und machte der Welt klar, daß man in London nicht daran denke, jemals Ägypten und den Sudan wieder aufzugeben. Lord Kitchener kannte auch Ägypten wie kein anderer. Er kehrte dahin zurück, wo seine ruhmreiche, vom Glück sehr begünstigte Laufbahn begonnen hatte. Den Geist des ägyptischen Volkes hatte er erfaßt, seine Denkungsart durchschaut und — ein nicht zu unterschätzender Vorzug — er spricht arabisch wie ein Eingeborener.

Die Aufgaben, die Lord Kitchener im Niltal lösen sollte, waren politischer und wirtschaftlicher Art. Diesen gegenüber traten die rein militärischen zurück. Englands imperialistische Politik, in ihren Mitteln keineswegs wählerisch, aber „immer großzügig und, vom finanziellen Standpunkt aus, ganz besonders praktisch", war vor allem auf die Stärkung und Erhaltung seiner strategischen Position am Nil bedacht, die ihm die Bewegungsfreiheit im Mittelmeer und die Beherrschung der Straße von Gibraltar über Port Said durch den Suezkanal zu seinen Kolonien in Indien, Australien und Südafrika sichern sollte. Der Besetzung der tripolitanischen Küste durch Italien hatte man in London nicht ohne Besorgnis zugesehen. Aus einem allem Anschein nach auf guten Nachrichten beruhenden Artikel der „Times" vom April 1912 ging hervor, daß man in Ägypten eine starke Truppenreserve aufzustellen plane, die nach bedrohten Punkten des Mittelmeeres oder des Roten Meeres und weiter nach dem Kap, nach Indien und Persien erforderlichenfalls entsandt werden könnte; ferner wurde in London die Verstärkung der Besetzung von Khartum und die Schaffung von Truppenstützpunkten in Port Said,

Suez und auf der Sinai-Halbinsel erwogen. Wenn dieser Plan, für dessen Verwirklichung Lord Kitcheners Ansicht und Wille als ausschlaggebend angesehen werden muß, bisher nicht in seinem ganzen Umfange ausgeführt wurde, so liegt dies in erster Linie an dem chronischen Mannschaftsmangel in der großbritannischen Armee und Marine.

Eins schien Lord Kitchener gleich bei Beginn seiner Tätigkeit als Generalkonsul zur Stärkung des englischen Einflusses im Niltal erforderlich: die Bekämpfung des politischen Parteiwesens unter den Ägyptern. Den Nationalisten war klar zu machen, daß sie von der angestrebten politischen Freiheit jetzt weiter entfernt seien, als zu Zeiten Lord Cromers und Sir Eldon Gorsts. Daß ein System politischer Parteien, wie es im parlamentarischen Leben der abendländischen Staaten seinen Ausdruck findet, für orientalische Verhältnisse ungeeignet ist, ist Lord Kitcheners feste Überzeugung, und es entspricht durchaus seiner ganzen Auffassungsweise, wenn er in seinem ersten Verwaltungsbericht sagte: „Nie sind Meinungsverschiedenheiten und Parteizwistigkeiten den Elementen des Fortschritts förderlich." Er bekämpfte daher mit unerbittlicher Rücksichtslosigkeit vor allem die Nationalistenpartei.

Seit dem Tode ihres Begründers, des weitblickenden und warm für sein Vaterland fühlenden Mustapha Pascha Kamel, dessen Aufstieg vom unbekannten Advokaten zu einer politisch machtvollen Persönlichkeit den Engländern manche Sorge bereitete, gefielen sich die Anhänger dieser Partei in einer oft ans Lächerliche grenzenden Opposition gegen den Khedive und gleichzeitig gegen England. In ihr — der stärksten politischen Gruppierung, wie man sie wohl richtiger bezeichnen würde — sah Lord Kitchener das Haupthindernis für seine wirtschaftlichen Reformpläne. Mit ihr beschloß er deshalb vor allem abzurechnen — und er tat es mit staunenswerter Energie. Die drei anderen „Parteien", die Volkspartei, die Reformpartei und die liberale Partei waren an Mitgliederzahl schwach, und ihr Einfluß auf die Bevölkerung viel zu unbedeutend, als daß sie eingehender Beachtung wert gewesen wären.

Infolge maßloser Wühlereien und gewohnheitsmäßiger Verhetzung der öffentlichen Meinung war die ägyptische Regierung schon vor dem Eintreffen Lord Kitcheners wiederholt gegen die einheimischen Blätter eingeschritten. Kitchener fuhr fort, in der schärfsten Weise die arabische Presse kontrollieren zu lassen. In der Zeit vom Oktober 1911 bis zum November 1912 wurden vier Zeitungen extrem-nationalistischer Richtung unterdrückt, zuerst der „Misr-el-Fattat", dann der „Wadinil". Das darauf folgende Verbot des viel gelesenen „Al Lewa" rief große Erregung im Lande hervor, und die Nationalisten gründeten den „Al Alam", der an Stelle des „Al Lewa" von nun an das Organ der Partei werden sollte. Zweimal wurde das Blatt auf einige Monate suspendiert und schließlich ganz verboten.

Die vollberechtigten und ehrlichen Bestrebungen der Nationalisten, „Ägypten den Ägyptern" zurückzugewinnen und das englische Joch abzuschütteln, wie sie jetzt, von neuer Hoffnung beseelt, seit Beginn des Weltkrieges sich dann und wann bemerkbar machen, haben nichts gemeinsam mit der früheren, nicht ernst zu nehmenden Opposition dieser Partei gegen die englische Bevormundung. Bis vor vier Jahren fanden, um nur einiges zu erwähnen, alljährlich einmal in Kairo Nationalisten-Versammlungen statt, zumeist im Hofe der Redaktion ihres Hauptblattes, bei denen Mohamed bey Farid, der Scheich Schauisch und andere Gleichgesinnte stürmischen Beifall auslösende Reden hielten, voll Haß gegen den britischen Bedrücker, aber auch voll religiöser Unduldsamkeit gegen alle Nicht-Mohammedaner. Diese Versammlungen hielt Lord Kitchener nicht gerade für staatsgefährlich, aber für recht überflüssige Komödien. Als im März 1912 Mohamed bey Farid wieder einmal wegen einer solchen Rede mit den Gerichten in Konflikt geraten war, entzog er sich unliebsamen Weiterungen und der Bestrafung durch seine Flucht nach Konstantinopel, wohin schon vorher sein Freund, der Scheich Schauisch, sich unfreiwilliger Weise ebenfalls begeben hatte. Damit war der Nationalistenpartei der Todesstoß versetzt.

Ihre Ideen aber lebten weiter im Volke, wenigstens in den Schichten der Gebildeten und materiell Bessergestellten; aber alle Versuche, sie in die Praxis umzusetzen, geschahen mit unzulänglichen Mitteln, wurden schnell von der englischen Regierung unterdrückt und schadeten dem Ansehen der Nationalisten nach außen hin, ohne ihren Zielen förderlich zu sein. Als in den ersten Tagen des Juli 1912 ein paar geistig kaum normale, sittlich sehr tief stehende und politisch unreife junge Ägypter Attentate gegen den Khedive, Lord Kitchener und gegen den Ministerpräsidenten Mohamed Pascha Said geplant hatten und dieserhalb zu fünfzehn Jahren Zwangsarbeit bzw. Gefängnis verurteilt wurden, da wußte die europäische Presse viel Schauerliches über die unsicheren Verhältnisse in Ägypten zu berichten. Man sprach von einer weitverbreiteten Verschwörung, von einem drohenden Aufstand der Araber gegen die Fremdherrschaft der Engländer, aber im Lande selbst war Ruhe. Derartige Vorgänge waren ohne jede tiefere Bedeutung. Auf den Kongressen von Assiut und Heliopolis wurde viel geredet, gewiß auch manches vernünftige Wort, aber wenig getan. Der letztere endete überhaupt mit einer Farce. Lord Kitchener erklärte ganz einfach, daß derartige Veranstaltungen keinen Zweck und darum keine Existenzberechtigung hätten, und verbot ohne alle weitere Umstände die Abhaltung ähnlicher Versammlungen. Die namhaften Geldbeträge, die gelegentlich der Kongresse zusammengekommen waren, bestimmte er für gemeinnützige Einrichtungen.

Den Ägyptern, die nur im engeren Anschluß an die Türkei das Heil des Landes sahen, hatte der Balkankrieg auch diese Hoffnung geraubt, und die Illusion, daß die europäischen Mächte zugunsten der Selbständigkeit Ägyptens intervenieren würden, war geschwunden. Eine ruhige Besonnenheit hatte im Lande Platz gegriffen, die der wirtschaftlichen Arbeit sehr zustatten kam. Man hörte zu Beginn des Jahres 1912 nichts mehr von politischen Parteiungen. Das wäre, was, in großen Zügen, über die Umgestaltung der innerpolitischen Verhältnisse in Ägypten durch Lord Kitchener zu sagen ist.

Mit voller Berechtigung hebt der Jahresbericht des britischen Generalkonsulats für 1912 die Fortschritte hervor, die, überall im Lande sichtbar und fühlbar in der Zunahme des Wohlstandes, das Vertrauen der Bevölkerung in die Maßnahmen der Regierung sehr gestärkt hatten. Ägypten ist ein ausschließlich ackerbautreibendes Land. Es existieren wohl kaum Länder, die im Verhältnis zu ihrer Größe mehr

Ackerbautreibende aufweisen können, obwohl die rationelle Bodenbewirtschaftung im Niltale erst neueren Datums ist. Wenn diese Verteilung von Grund und Boden die Schnelligkeit wirtschaftlicher Entwicklung auch nicht besonders fördert, so gibt sie doch dem Volke einen festen inneren Halt in sozialer Beziehung. Hinsichtlich der Ertragfähigkeit des ägyptischen Bodens kann noch sehr viel geschehen. Eine Nutzbarmachung des unendlich weiten Gebietes der libyschen Wüste, wenigstens teilweise, ist auf Grund der Fortschritte von Wissenschaft und Technik keineswegs ausgeschlossen. Bekanntlich hängt alles ab von der Lösung der Wasserfrage.

Dies große Naturproblem des ägyptischen Bodens hat Lord Kitchener seiner Lösung ohne Zweifel näher gebracht. Wohl ist die Erhöhung und Verstärkung des Nil-Staudamms von Assuan, der am 23. Dezember 1912 mit einer glänzenden Feierlichkeit seiner Bestimmung übergeben wurde, nicht sein Werk, aber unterstützt von Sirry Pascha, dem damaligen, schaffensfreudigen Minister der öffentlichen Arbeiten, hat er alle die übrigen, mit der Anlage des gewaltigen Reservoirs in Oberägypten zusammenhängenden Bewässerungsarbeiten, besonders in den Provinzen Garbieh und Behara, tatkräftig gefördert, sehr zum Vorteil des Baumwollbaus. Durch ernste Belehrung, sowie durch Zwangsmaßregeln sucht man seit einigen Jahren die Fellachen anzufeuern, daß sie die Bemühungen der Regierung zur Vertilgung der Baumwollschädlinge unterstützen und den zarten Pflanzen noch größere Sorgfalt widmen als bisher. Die Baumwollfelder sind in Zonen eingeteilt worden und mit ihrer Überwachung wurden von der Regierung bestimmte

Personen beauftragt, die wiederum staatlich besoldeten Inspektoren unterstehen.

Weite, bisher brach liegende Strecken Landes wurden in den letzten 3 bis 4 Jahren angebaut und dorren künftighin nicht mehr wertlos in der Sonne Ägyptens. Auch waren bis zu Beginn des Krieges Arbeiten im Gange, den Mariutsee und einen Teil des Borollossees auszutrocknen und den Boden der Kultur zugänglich zu machen — alles Ideen, die zwar schon vor Lord Kitcheners Eintreffen erwogen worden sind, aber ihm war es vorbehalten, zu ihrer Umsetzung in die Tat das lässige ägyptische Ministerium anzutreiben. Das weiß im Lande jedermann, und selbst die unversöhnlichsten Gegner der britischen Okkupation erkennen dies an.

Dem Wohl des armen Bauern widmete Lord Kitchener von Anfang an ganz besondere Aufmerksamkeit. Um ihm aufzuhelfen, schuf er das Fünf-Feddan-Gesetz, durch das der Fellach, der nur fünf Feddan kultivierbares Land besitzt, vor Pfändung seines Grundstücks wegen Schulden gesichert ist. Der britische Generalkonsul hoffte auf diese Weise den unbekümmert in den Tag hinein lebenden Landmann aus den Händen der Wucherer zu befreien, die ihm zumeist 20 bis 50 Prozent abnehmen. Ohne zwingenden Grund und ohne Rücksicht auf die Zukunft pflegt der Fellach sein Geld zu verschleudern und, wenn er keines mehr hat, Darlehne aufzunehmen. Er denkt nicht daran, daß er das Kapital nebst Zinsen zurückzahlen muß, und wird so die Beute der Wucherer, die eine der schlimmsten Landplagen Ägyptens sind. Anleitung zur systematischen Sparsamkeit tut dem Fellachen dringend not. Man hat ihm daher günstige Gelegenheit zur

Anlage seiner Gelder gegeben, und nach den letzten Jahresberichten des Generaldirektors der ägyptischen Post, die mir zugänglich waren, zu schließen, hat das Sparkassenwesen im Lande einen erheblichen Aufschwung genommen, so daß es den Anschein hat, als erwache in dem Bauern allmählich das Verständnis für die Vorteile einer geordneten Geldwirtschaft. Auch wird den Fellachen Land, das der Regierung gehört, zu sehr bequemen Bedingungen für die Bebauung überlassen. Auf den Ländereien einer staatlichen Domäne von 1000 Feddan Umfang wurden auf Kosten der Regierung 180 Häuser zu je 4 Räumen und einem Stall erbaut und mit einem kleinen Platz zu Gartenanlagen umgeben, Schulen und eine Armenapotheke errichtet; breite, mit Bäumen bepflanzte Straßen sind vorgesehen, und in dem zu gründenden Dorf wurden 80 Fellachen-Familien angesiedelt.

Den Engländern ist oft — und das mit Recht — vorgeworfen worden, sie täten absichtlich nichts zur Hebung der Volksbildung in Ägypten, weil sie befürchteten, daß mit der zunehmenden Aufklärung der unteren Schichten des Volkes die Opposition im Lande sich steigern und der britischen Stellung mit der Zeit gefährlich werden könnte. Lord Kitchener hat zum Teil diese Vorwürfe entkräftigt. Ein von ihm veranlaßtes Gesetz fordert die scharfe Überwachung der Schulen, besonders der nichtstaatlichen. Die Lehrer müssen durch amtliche Zeugnisse ihre moralische und pädagogische Befähigung zur Ausübung der Lehrtätigkeit nachweisen können, und niemandem wird mehr die Lehrkonzession erteilt, der jemals eine gerichtliche oder disziplinarische Bestrafung erlitten hat. Auch sind Bestimmungen erlassen worden hinsichtlich der gesundheitlichen Verhältnisse in den Schulräumen.

Ägypten war arm an ordentlichen Chausseen. Schon längst hatte sich das Bedürfnis einer Fahrstraße zwischen Kairo und dem nahegelegenen Wüstenkurort Heluan fühlbar gemacht, aber nichts geschah. Lord Kitchener erklärte bald nach seiner Ankunft in Ägypten vor dem Ministerrat, die Straße müsse gebaut werden; Bedenken wegen mangelnder Geldmittel wies er kurzerhand ab. Als man weiter einwarf, es fehle an den nötigen Arbeitskräften zur Ausführung des Straßenbaues, sagte er, man solle die Sträflinge dazu heranziehen; jedenfalls werde er im Mai 1912 mit seinem Automobil nach Heluan fahren. Und so geschah es! Längst ist die Straße fertig und mit ihr zwischen den beiden Städten eine neue Verbindung von großem wirtschaftlichen Wert geschaffen. Die Chaussee zwischen Alexandrien und Kairo wurde bald nachher gebaut.

Wir haben aus der Tätigkeit des englischen Generalkonsuls nur das Wichtigste hier hervorgehoben, auch in der Absicht, der britischen Arbeit in Ägypten gerecht zu werden. Ohne Zweifel hat das Land der Energie Kitcheners und seinen vielfachen Anregungen auf allen Gebieten der Verwaltung einen guten Teil seines wirtschaftlichen Aufschwunges in den letzten Jahren zu verdanken.

Ägyptens wirtschaftliche Lage bei Kriegsausbruch.

Die nachfolgenden Mitteilungen stützen sich auf Studien, die ich während der Jahre 1910 bis 1912 und während des

Sommers 1914 an Ort und Stelle machen konnte, sowie auf offizielle statistische Angaben aus der letztgenannten Periode. Wollen wir uns ein einigermaßen klares Bild von der wirtschaftlichen Lage Ägyptens machen, so müssen wir rückschauend die Zeit kurz vor Ausbruch des Krieges uns vergegenwärtigen und aus ihr auf Zukunftsmöglichkeiten schließen, soweit dies überhaupt menschliche Berechnung vermag.

Nach dem französisch-englischen Abkommen vom Jahre 1904, das eine größere Stabilität der politischen und damit auch der wirtschaftlichen Verhältnisse in Ägypten gewährleistete, und nach einer plötzlich einsetzenden Steigerung des Baumwollpreises hatte in der Geschäftswelt am Nil die allzu optimistische Annahme Platz gegriffen, daß die Entwicklung des Landes so sprunghaft weitergehen werde. Die Enttäuschung folgte nur zu bald. Der Rückschlag der amerikanischen Krisis auf den europäischen Geldmarkt und die Zurückziehung ausländischer Kapitalien, deren Ägypten unbedingt bedarf, führten mit zwingender Notwendigkeit zu einem völligen Darniederliegen aller Spekulation und der folgenschweren Krisis des Jahres 1907. Wenn aber diejenigen Finanzleute, die in den Boomjahren zu große Engagements eingegangen waren, bedenkliche Niederlagen erlitten, so blieben doch der Grundbesitz und alle diejenigen Unternehmungen davon verschont, die, in der Gegenwart fußend, nicht mit allzu kühnen Zukunftshoffnungen den Tatsachen vorausgeeilt waren. Die Zahlungseinstellung der Bank of Egypt, der Zusammenbruch der Bankhäuser Zervudacchi und Tilche sind nur als die letzten Liquidationen jener Periode des Niedergangs anzusehen und nicht als geschäftliche Fehlschläge, die in der wirtschaftlichen Lage der letzten Jahre vor dem Weltkriege ihren Grund haben.

Im Sommer 1914 konnte diese Krisis als überwunden angesehen werden. Gute Baumwollernten hatten die allgemeine Situation des Landes sehr gehoben. Aus der Ernte des Jahres 1912 hatte es eine Einnahme von 27000000 L. E., wozu noch der Erlös von rund 4000000 L. E. aus dem Baumwollsamen gerechnet werden muß. (L. E. = 1 ägyptisches Pfund = 20,75 Mark.) Die Baumwollernte des Jahres 1913/14 dürfte mit $7^1/_2$ Millionen Kantar richtig eingeschätzt sein. (1 Kantar = 44,928 Kilogramm.) Nehmen wir jedoch, um nicht zu hoch zu gehen, nur eine Ernte von $7^3/_{10}$ Millionen Kantar an. Das ergibt, bei einem Durchschnittspreis von 18 Tallari (1 Tallari = 4,15 Mark) einen Betrag von $26^1/_4$ Millionen Pfund Sterling. Wird hierzu noch das Ergebnis von etwa 4 Millionen Ardeb (1 Ardeb = 198 Liter) Baumwollsaat mit ungefähr $2^8/_{10}$ Millionen Pfund Sterling gerechnet, so beläuft sich das Gesamtresultat der letzten Ernte vor dem Kriege auf 29 Millionen Pfund Sterling. Sie könnte also nur um ein Geringes hinter der des Jahres 1912 zurückstehen.

Ägyptens wirtschaftlicher Wohlstand ist in erster Linie durch die Baumwollernte bedingt. Das Land gleicht in seiner Abgeschlossenheit einer großen Farm, auf der die Kulturbedingungen gerade für die Baumwolle die denkbar günstigsten sind. Der Boden ist von ganz außerordentlicher Ertragfähigkeit, die ein sich ständig gleichbleibendes Klima sehr begünstigt. Infolge der alljährlich wiederkehrenden Flutwelle des Nil und mit Hilfe vortrefflicher Anlagen zur

Stauung und rationellen, staatlich geregelten Verteilung des Wassers können die Äcker lange Zeit hindurch des Eintretens befruchtender Regengüsse entbehren, wodurch ihre Kultur in hohem Grade den Launen der Witterung enthoben ist. Wenn trotz aller dieser Vorzüge in der wirtschaftlichen Arbeit des Landes sich schon seit einigen Jahren eine gewisse Unsicherheit und Unruhe geltend gemacht hatte, so ist dies auf die Gefahren zurückzuführen, die den Baumwollpflanzen drohten.

Nach dem Blätterwurm hatte der Kapselwurm die zarten Pflanzen stark mitgenommen und etwa seit dem Jahre 1912 richtete der aus Indien eingeschleppte Samenwurm großen Schaden an — zur ernsten Sorge der Baumwollinteressenten, die für die Qualität der Ware fürchteten. Ob die ganz außerordentlichen Anstrengungen der Regierung, dem Übel zu begegnen, von Erfolg gekrönt gewesen sind, habe ich nicht genau erfahren können. Man gab sich im Sommer 1914 im ägyptischen Ackerbauministerium der Hoffnung hin, durch peinlichste Auswahl der Saat und strenge Überwachung des Gesetzes gegen die Vermischung der Baumwollarten die ägyptische Baumwolle auf ihrer bisherigen Höhe und Güte zu erhalten.

Die Dränage läßt an vielen Stellen des Landes zu wünschen übrig. Durch Tieferlegen der Kanäle und Entziehung des Grundwassers versucht zwar die Regierung den Boden zu verbessern, doch wird bis zur Vollendung dieser durch den Krieg unterbrochenen Arbeiten wohl noch eine geraume Zeit vergehen. Zweifellos hat die Anstauung des Grundwassers zur Verminderung der Baumwollernte beigetragen.

Die künstliche Bewässerung des Landes darf als mustergültig bezeichnet werden. Das schon erwähnte technische Wunderwerk des zu Unrecht von einigen Seiten angefeindeten Staudamms bei Assuan kann auch bei erheblichem Tiefstand des Nil eine annähernd ausreichende Bewässerung der Felder ermöglichen, so daß nicht mehr, wie früher, jede Nachricht über ein Fallen der Nilflut lähmend und verwirrend auf das geschäftliche Leben einwirkt. Da Anfang des Jahres 1914 die Aussichten für die Nilschwelle nicht sehr günstig waren, warnte das Ackerbauministerium vor der Bepflanzung der höher gelegenen Felder mit Baumwolle, und Reis konnte wegen des niedrigen Wasserstandes überhaupt nicht angebaut werden. Auch die Zwiebelernte war weniger ertragreich, als in anderen Jahren; dagegen machte die Kultur des Zuckerrohrs erhebliche Fortschritte und verminderte in bemerkenswerter Weise die Zuckereinfuhr.

Während des Frühjahrs 1914 hatten die in Ägypten interessierten europäischen Banken sich veranlaßt gesehen, zum Zweck einer größeren Konzentration des Kapitals ihre Geschäfte im Tal des Nil zu limitieren und die Kredite herabzumindern. Deshalb trat, nach ursprünglichem Widerstand die ägyptische Regierung der Frage der Gründung landwirtschaftlicher Genossenschaften näher und war auch bereits mit der Abfassung eines Gesetzentwurfs beschäftigt. Die Vollendung dieser für das Land bedeutungsvollen Arbeit wird wohl gleichfalls einer späteren Zeit vorbehalten bleiben müssen.

Die statistische Abteilung des ägyptischen Finanzministeriums hatte zu Anfang des Jahres 1913 — spätere Veröffentlichungen ähnlicher Art sind selbstverständlich des Weltkrieges wegen unterblieben — ein Werk herausgegeben, in dem Zahl, Beschaffenheit, Arbeitsweise und Kapitalskraft der hauptsächlich in Ägypten arbeitenden Aktiengesellschaften aufgeführt sind, und das einen Einblick gewährt in das Interesse, das man im Auslande für Ägypten hat. Danach sind im Lande tätig:

38 britische Gesellschaften mit einem eingezahlten Kapital von L. E. 14786647;
104 ägyptische mit L. E. 88248369;
16 belgische mit L. E. 7197583 und
6 französische Aktiengesellschaften mit einem Kapital von L. E. 1029041.

Es sind in dieser Aufzeichnung — wie der Handelsbericht des Kaiserlichen Konsuls in Kairo, herausgegeben im Oktober 1914, sagt — lediglich die Gesellschaften aufgeführt, die mit dem ausgesprochenen Zwecke gegründet sind, in Ägypten Geschäfte zu machen, auch dann, wenn sie im Auslande Zweigniederlassungen unterhalten, die sich ihrerseits mit dem ägyptischen Geschäfte befassen. Es fehlt daher beispielsweise die Deutsche Orientbank, obgleich sie in Alexandrien, Kairo, Mansurah, Zagazig, Tantah, Minieh, Beni-Suef und Port Said Zweigniederlassungen hat, denn diese Bank kann als ein vornehmlich für Ägypten bestimmtes Unternehmen, obwohl sie dort eine große Stellung sich errungen hat, natürlich nicht angesehen werden. Trotz der politischen Ereignisse des Jahres 1912 konnten sogar die in der Türkei gelegenen Filialen der Deutschen Orientbank ein befriedigendes Ergebnis aufweisen, weil ihre kleinasiatischen Niederlassungen von den Kriegsereignissen überhaupt kaum berührt wurden. Auch die im Gebiete der ehemaligen europäischen Türkei gelegenen Filialen blieben von besonderen Verlusten verschont, da seit Ausbruch des türkisch-italienischen Krieges ganz allgemein große Zurückhaltung im geschäftlichen Leben geübt wurde. Obwohl die kriegerischen Verwickelungen auf dem Balkan erst in der zweiten Hälfte des Jahres 1913 ihren Abschluß fanden, konnte doch die Deutsche Orientbank ihre Geschäfte auf ihrem ganzen Arbeitsfelde in Ägypten sowohl, wie in der Türkei weiter ausdehnen. Die große Widerstandsfähigkeit, welche das türkische Reich in wirtschaftlicher Beziehung während des Balkankrieges bewiesen hat, hielt auch weiterhin an und mit dem Friedensschluß trat allgemein eine Belebung der ganzen geschäftlichen Tätigkeit ein.

Die Bezeichnung der Staatsangehörigkeit eines Geschäftshauses in Ägypten zeigt keineswegs auch gleichzeitig an, aus welchem Lande die Mehrzahl der Aktionäre stammt. Sie will vielmehr „lediglich das Recht angeben, unter dem die Gesellschaft errichtet ist, und die Landesgesetze, denen sie untersteht". So ist beispielsweise die Ägyptische Hypothekenbank eine ägyptische Gesellschaft, weil nach diesem Rechte gegründet, während sie doch tatsächlich eine deutsche Gesellschaft ist, gegründet von der Deutschen Orientbank und deren Mutterbank. Ebenso ist die ägyptische Egrenier Fabriken-A.-G., die von dem Reichsangehörigen Hugo Lindemann und Genossen mit einem Kapital von L. E. 50 000 gegründet wurde, ein rein deutsches Unternehmen.

Es sind also in Ägypten an Kapitalien rund 111 000 000 L. E. investiert, die zum größten Teil aus dem Ausland stammen; dazu kommen noch die europäischen Großbanken, die verschiedenen Versicherungsgesellschaften, die großen Schiffahrtsgesellschaften und dgl., die nicht ausschließlich in Ägypten arbeiten.

Nach dem Jahresbericht der Generalzolldirektion belief sich der Import im Jahre 1913 auf 27 865 000 Pfund Sterling und überstieg den vorjährigen um 1 957 000 Pfund. Der Export wies mit 31 662 000 englischen Pfund eine Verminderung um 2 912 000 Pfund Sterling gegen 1912 auf. An Baumwolle wurden im Jahre 1913 für 2 Millionen Pfund Sterling, an Baumwollsaat für 792 000 Pfund weniger exportiert, wodurch sich diese Wertverminderung des Gesamtexports erklärt.

Unter den am Warenverkehr mit Ägypten hauptsächlich beteiligten 12 Ländern stand Deutschland an zweiter Stelle — gleich hinter Großbritannien. Zurückgegangen war Deutschlands Einfuhr allerdings in Baumwollen- und Wollenstoffen, Kohlen, Steingut, Porzellan und Glaswaren. Tatsächlich aber ist die Einfuhr größer gewesen, als die Zollübersichten angeben, weil viele über Belgien oder Österreich verschiffte Waren in der Statistik als Erzeugnisse dieser Länder aufgenommen sind.

Besonders vermehrt hat sich in der letzten Zeit vor dem Kriege die Einfuhr aus Deutschland in Lokomotiven, landwirtschaftlichen Maschinen und Maschinenteilen aller Art, Baumaterialien, Kleinbahnschienen, Haus- und Küchengeräten, Papierwaren, Chemikalien, Medikamenten, Farbstoffen, Häuten, Mehl und Bier. Der Ägypter weiß deutsche Ware zu schätzen. Es kann daher der deutsche Unternehmungsgeist nicht oft genug auf dieses lohnende Absatzgebiet aufmerksam gemacht werden. Allerdings ist Vorsicht beim

Abschluß von Geschäften nach Ägypten und bei Kreditgewährung anzuraten.

Der Export Ägyptens nach England und den Vereinigten Staaten ist stark zurückgegangen, während er nach Deutschland, Österreich, Frankreich, Italien und Rußland erheblich zugenommen hat. Das Jahr 1914 ließ sich gut an. In der Zeit vom 1. Januar bis zum 31. März betrug der Gesamtwert der importierten Waren 6,9 Millionen L. E. und überstieg damit die Einfuhr während der gleichen Periode des vorigen Jahres um 213947 L. E. Der Export belief sich in den drei ersten Monaten des Jahres 1914 auf 9,4 Millionen L. E., was eine Erhöhung um 545048 L. E. gegenüber dem Jahre 1913 bedeutet. Dann aber kam der Krieg und mit ihm ein bedeutender Rückgang der Ausfuhr, dem auch eine Verminderung der Einfuhr entsprach. „Es unterblieben die Ankäufe von Maschinen, die vielfach aus dem Deutschen Reiche und Österreich bezogen wurden, und damit entfiel auch hier wie in so vielen anderen Ländern der Erde für England die Möglichkeit, den Handel von Deutschland und Österreich an sich zu reißen und mit seinen Industrien an Stelle der unseren zu treten. Ganz abgesehen davon, daß die Munitionsherstellung und der Eintritt zahlreicher Arbeiter in das Heer seine gewerbliche Tätigkeit empfindlich lähmte." (Prof. Dr. Penck.)

Ägypten ist bei seiner beständig steigenden Einwohnerzahl und der zunehmenden Konsolidierung seiner wirtschaftlichen Lage ein guter Abnehmer für europäische Waren, da es weit mehr verbraucht, als es selbst hervorzubringen imstande ist. Nahrungsmittel und Artikel für die einfachsten Lebensbedürfnisse müssen eingeführt werden, da vor der

Kultur der Baumwolle jede andere Ausnutzung des Bodens zurücktreten muß. Infolge des Fehlens von Eisen, Kohlen und Wäldern ist es auf die Produktion des Auslandes angewiesen, und diese Verhältnisse müssen eher zu- als abnehmen.

Seit einigen Jahren machte sich eine erfreuliche Rührigkeit gerade des deutschen Handels bemerkbar. Nach dem „Mercure égyptien 1914" waren 588 deutsche Firmen am Import nach Ägypten beteiligt, und deutsches Kapital arbeitete weit mehr im Lande, als gewöhnlich angenommen wird. Die Ansicht, daß Großbritannien am Nil jede andere Nation vom geschäftlichen Leben ausgeschaltet habe, ist irrig.

Sehr befriedigend waren die von den großen deutschen Schiffahrtsgesellschaften gemachten Geschäfte. In erster Linie kommt da der Norddeutsche Lloyd in Betracht. Ägypter sowohl, wie Angehörige anderer Nationen benutzen mit Vorliebe deutsche Dampfer zur Fahrt nach Europa, und Warenladungen vertraut man besonders gern deutschen Schiffen an. Wenn Frankreichs Anteil am ägyptischen Außenhandel zurückgegangen ist, so ist daran nicht in letzter Linie die mangelhafte Leistungsfähigkeit der französischen Schiffahrtsgesellschaften schuld. Die Beförderung mit deutschen Schiffen ist prompter und billiger.

Das Baumwollgeschäft ist zum großen Teil in Händen Deutscher. Von den großen Alexandriner Häusern seien nur R. und O. Lindemann und Schneider und Rothacker erwähnt, sowie die Deutsche Baumwollpresse und die Filature Nationale d'Egypte, die trotz ihres französischen Namens ein rein deutsches Unternehmen ist. Groß ist die Zahl der in Ägypten selbst etablierten oder ständig dort vertretenen deutschen Firmen.

Daß England einen bedeutenden Warenabsatz nach Ägypten hat, ist selbstverständlich, sonderbar aber ist, daß es einen großen Teil desselben der Tätigkeit und Tüchtigkeit der — deutschen Kaufleute verdankt. Von deutschen und österreichischen Kommissionshäusern wird vorwiegend der Import von Waren aller Art nach Ägypten besorgt. Derartige Firmen vertreten in der Regel eine große Anzahl europäischer Fabriken und Exporthäuser und darunter auch zahlreiche englische, besonders für Textilfabrikate und Erzeugnisse der Kleinmetallindustrie, und zwar solcher, die auf Massenabsatz berechnet sind.

Das Kommissionsgeschäft in Ägypten eignet sich nicht für den Engländer, denn der Kommissionär muß, wenn er auch eine Anzahl eingeborener Hilfskräfte als Stadtverkäufer und Reisende beschäftigt, selbst mehrere Sprachen beherrschen, um mit seiner arabischen, griechischen, italienischen, armenischen und französischen Kundschaft reden zu können. Dazu gehört ein Sprachenstudium — und das liegt dem Engländer nicht. Wer etwas von ihm kaufen will, soll eben — so verlangt es der britische Dünkel — hübsch Englisch lernen, um mit ihm reden zu können, und das tut natürlich sein deutscher Vertreter oder Kommissionär.

Interessant ist ein Vergleich zwischen der Art, wie deutsche und englische Fabrikanten ihre Vertreter in Ägypten unterstützen. Der deutsche Fabrikant kommt jährlich mehrere Male selbst nach Ägypten oder schickt gewandte Reisende dorthin, die den ansässigen Kommissionär oder dessen Angestellte mit ganzen Sammlungen neuer Muster auf den

Besuchen bei der eingeborenen Kundschaft begleiten und, falls sie die Sprache der letzteren sprechen, die Anpreisung der Ware unterstützen. Der englische Fabrikant dagegen bemüht sich möglichst selten nach Ägypten; er sendet höchstens gelegentlich einen Reisenden, aber dieser kann wegen der erwähnten mangelnden Sprachkenntnis nicht als eine wirkliche Hilfe für den Kommissionär angesehen werden. Die Folge davon ist, daß in den letzten Jahren vor dem Kriege in vielen Erzeugnissen der Industrie der Absatz deutscher Waren zum Schaden der englischen beträchtlich zunahm.

Ein Gebiet gibt es, auf dem es der britische Fabrikant doch für ratsam hält, persönlich einzugreifen. Das sind gewisse Staatsaufträge, die sich entweder durch Besuche in den Regierungsbureaus, wo doch ausschließlich Engländer alle leitenden Stellen inne haben, mit Leichtigkeit einheimsen lassen oder die in möglichst bequemer Weise beim »after-dinner-whisky« im Turfklub abgeschlossen werden. Das ist besonders bei allen Aufträgen der Fall, die sich auf die Staatseisenbahnen beziehen. Schon seit vielen Jahren sind diese unter englischer Verwaltung. Die oberste Leitung, sowie alle verantwortlichen Stellen sind nur mit Engländern besetzt. Es muß zugegeben werden, daß, wenigstens auf den Hauptstrecken, der Betrieb mit ausgezeichneter Pünktlichkeit vor sich geht. Sollte dazu nicht der Umstand beitragen, daß die Mehrzahl der Schnellzuglokomotiven von einer bekannten — deutschen Fabrik in Kassel stammt? Auf dem Gebiet der Lokomotivenlieferung hat Deutschland immer noch einen großen Vorsprung vor England. Und deshalb geht auch seit längerer Zeit das Bestreben der Verwaltung der Staatsbahnen dahin, allmählich die Lokomotivenbestellungen englischen Fabriken zukommen zu lassen. Submissionen werden ausgeschrieben, und was ist das Resultat? Regelmäßig ergibt sich, daß deutsche Fabriken bei weitem billiger und sehr häufig in einer weit kürzeren Frist zu liefern imstande sind, als die englischen. Sogar der „Matin" mußte erst vor kurzem zu seinem schmerzlichen Erstaunen feststellen, daß im Jahre 1913 Lokomotiven im Gesamtwerte von 1450000 Frank in Ägypten eingeführt worden sind und von diesem Betrag allein 1300000 Frank auf Geschäfte fielen, die von der ägyptischen Regierung mit deutschen Firmen abgeschlossen wurden. — Auch die deutschen Lokomobilen finden immer mehr Anklang, und der Absatz deutscher Pumpen nimmt, trotz der großen französischen Konkurrenz, zu.

Im Jahre 1912 begann man einem bis dahin vernachlässigten Gebiet des wirtschaftlichen Lebens im Niltal erhöhte Aufmerksamkeit zuzuwenden: dem Minenbau. Und im Sommer 1914 äußerten sich Interessenten mir gegenüber ganz zuversichtlich über bestimmt erwartete Resultate. Mir liegt ein Bericht des Mineningenieurs Max Ismalum vor, der in ruhiger Sachlichkeit sich von einem allzu rosigen Optimismus fernhält, aber die Wichtigkeit der Frage mit allem Nachdruck betont. Ist es doch eine geschichtliche Tatsache, daß schon von den alten Ägyptern mit großem Erfolg die in ihrer heimatlichen Erde ruhenden Schätze gehoben wurden. Jahrhundertelang stand unter den Pharaonen Ägypten an der Spitze des Gold- und Kupfermarktes, und die im Lande gefundenen Smaragden wurden erst durch die Entdeckung sehr bedeutender Lager dieses wertvollen Edelsteins in Südamerika verdrängt. Es wäre doch zu verwundern, wenn sich da der Minenbetrieb im heutigen Ägypten nicht lohnen sollte. In der Tat haben auch die Forschungen in den letzten Jahren gezeigt, daß das Land Gold, Mangan, Phosphate, Blei-, Zinn- und Petroleumlager besitzt, die einen nicht geringen Wert darstellen. Besonders in der östlichen Wüste sind zahlreiche goldhaltige Quarzlager gefunden worden. Man kann zwischen Ägypten und dem Sudan die Spuren von ungefähr 80 ehemaligen Bergwerken zählen; in einigen wurde vor wenigen Jahren der Abbau wieder aufgenommen. Eine noch weit lohnendere Arbeit dürfte die methodische Ausbeutung der Phosphat- und Manganlager sein. Die ersteren befinden sich hauptsächlich an den Ufern des Nil und längs der Küste des Roten Meeres. Das ertragreichste Gebiet ist Safaga.

Mehrere über sehr erhebliche Geldmittel verfügende Gesellschaften hatten 1912 die Nutzbarmachung der Petroleumquellen am Roten Meer unternommen. Die quantitativen und qualitativen Ergebnisse ermunterten, damals wenigstens, zu weiterer Arbeit. Wie weit diese inzwischen gediehen ist, entzieht sich meiner Beurteilung, doch dürfte, nach Ansicht des schon genannten Ingenieurs Ismalum, die Zeit nicht mehr fern sein, wo ägyptisches Petroleum neben den Erzeugnissen der Lager in Rußland, Amerika und im fernen Osten einen geschätzten Platz einnehmen wird.

Die Goldbewegung in Ägypten ergab laut der offiziellen Statistik des Jahre 1913:

eine Ausfuhr von	11337000	Pfd. Sterl.,
und eine Einfuhr von	9791000	„ „
mithin eine Mehrausfuhr von	1546000	„ „

Diese Ziffern beziehen sich auf die Goldbewegung vom 1. August bis Ende Juli. Unter Berücksichtigung dieser Daten ergibt sich ein Goldimport von 9151000 Pfund Sterling gegenüber einem Export von 9388000 Pfund, mithin eine Mehrausfuhr von 237000 Pfund Sterling. Die Goldaufnahme Indiens fällt, wie mir von kompetenter Seite mitgeteilt wurde, bei der Goldbewegung in Ägypten sehr ins Gewicht, und der Abfluß des Goldes nach Indien ist die Ursache, daß die Devisenkurse sich trotz des größeren Exports auf der Paribasis erhalten konnten.

Nach dem Regierungsbericht beliefen sich die staatlichen Einnahmen des Landes im Rechnungsjahr 1913 auf 17368616 L. E. Allgemeine Ausgaben sind in Höhe von 14883929 L. E. und besondere in Höhe von 844856 L. E. erforderlich gewesen. Es ergibt sich folglich ein Überschuß an Einnahmen von 1639831 L. E.

Für die Besserung der gesundheitlichen Verhältnisse geschieht sehr viel. Die Bevölkerung, die 1905 nur 10954000 Seelen betrug, im Jahre 1912 aber schon auf 12170000 Seelen angewachsen war, ist, unter richtiger Anleitung, willig und arbeitsam. Der Flächeninhalt des anbaufähigen Landes betrug 7953868 Feddan im Jahre 1912, von denen aber nur 5639000 Feddan kultiviert waren. Sollen die hier noch ruhenden Werte gehoben werden, so muß Ägypten, das keine Industrie hat, Kapital vom Auslande zufließen, dessen es zu seiner völligen Wiedererstarkung durchaus bedarf.

Aus vorstehendem dürfte ersichtlich sein, daß die wirtschaftliche Gesundung Ägyptens in den letzten Jahren vor dem Kriege zwar nur in langsamem, aber dabei stetigem

Fortschreiten begriffen war. Und nun dieser Rückschlag! Nach einem Bericht der britischen Handelskammer in Ägypten hat allerdings die ägyptische Einfuhr im November 1915 im Vergleich mit dem entsprechenden Monat des Vorjahres eine große Zunahme erfahren. Sie betrug nämlich 1787213 ägyptische Pfund Sterling gegen 938099 ägyptische Pfund Sterling, hat sich demnach beinahe verdoppelt. Unter den mehreingeführten Waren befanden sich in der Hauptsache »Manchester goods«. Dagegen zeigt die Ausfuhr nur eine mäßige Steigerung mit 3276832 ägyptische Pfund Sterling gegen 3018191 ägyptische Pfund Sterling im November 1914. Die Zunahme entfällt fast ausschließlich auf Baumwolle und Weizen. In den ersten elf Monaten des verflossenen Jahres stellen sich die Ziffern des ägyptischen Außenhandels wie folgt: Einfuhr 16692314 ägyptische Pfund Sterling gegen 20651415 ägyptische Pfund Sterling. Ausfuhr 22562823 ägyptische Pfund Sterling gegen 21345360 ägyptische Pfund Sterling. An der Gesamtausfuhr Ägyptens war Großbritannien beteiligt mit 54 Prozent im November 1915 (gegen 56,7 Prozent im November 1914) und mit 51,1 Prozent in den Monaten Januar bis November 1915 (gegen 43,6 Prozent in 1914). Über die Beteiligung Englands an dem Importgeschäft Ägyptens enthält der Bericht der Handelskammer keine Einzelheiten.

Professor Penck schrieb kürzlich im Berliner Tageblatt über die allgemeine Finanzlage des Landes: „Eine allgemeine Pumpwirtschaft hat Platz gegriffen. Die Staatseinnahmen sind zurückgegangen. Wichtige Kulturarbeiten müssen unterbleiben, und der Ausfall muß durch neue

Steuern wettgemacht werden. So leidet Ägypten auf das schwerste unter dem Kriege, und die Ägypter werden empfinden, daß die englische Herrschaft ihnen neben vielen großen Vorteilen den großen Nachteil allzu einseitiger Bodenproduktion gegeben hat. Sie werden auch fühlen, daß sie nicht bloß in Abhängigkeit vom Nil, sondern auch in Abhängigkeit von England leben, dessen Weltherrschaft zu einem großen Teile darauf beruht, daß es die Selbstgenügsamkeit einzelner Länder zerstörte und sie einseitig entwickelte, so daß sie nur als Teile eines größeren Ganzen bestehen können."

Die Kämpfe an der West- und Ostgrenze Ägyptens.

„Wir werden jetzt die tripolitanische Ohrfeige zurückgeben", hatte der türkische Kriegsminister Enver Pascha geäußert. Und wie er, so hatte das ganze türkische Volk das Auftreten der italienischen Komödianten auf der Bühne des Weltkrieges mit echt orientalischer Ruhe aufgenommen. Auf das nahe Tripolis war Italiens Auge begehrlich schon im Jahre 1900 gerichtet gewesen und damals hatte es mit Frankreich ein anfänglich geheim gehaltenes Abkommen geschlossen, wodurch ihm, gegen die Anerkennung der französischen Interessen in Marokko, ein gewisses Vorrecht auf Tripolitanien gesichert wurde. Als den italienischen Staatsmännern der günstige Zeitpunkt zur Verwirklichung ihres afrikanischen Lieblingsplanes gekommen schien, da wurde — vermutlich mit finanzieller Beihilfe Frankreichs — der freche Raubzug nach Libyen unternommen, dem die Türkei allerdings zu jener Zeit machtlos zusehen mußte. Jetzt aber ist Libyen für die Italiener bereits verloren. Der „Secolo“ wußte zwar von dem Plan eines gemeinsamen Vorgehens französischer und italienischer Truppen gegen die aufrührerischen Araberstämme Libyens zu fabeln und nach der telegraphischen Meldung eines Schweizer Blattes sollten am 28. August 1915 in Neapel drei Brigaden nach Tripolis eingeschifft worden sein. Beide Nachrichten waren glatt erfunden. Frankreich braucht seine Truppen zu eigenen Zwecken, sei es auf dem westeuropäischen Kriegsschauplatz, sei es in Marokko, wo es gewaltig gärt. Und Italien? Jedes Wort über seine militärische Lage ist überflüssig.

Was würden auch ein paar Brigaden im Kampfe gegen die fanatischen Wüstenvölker und auf solchem Boden bedeuten? Meldete doch sogar der „Temps“ schon unterm 30. August 1915, daß der Groß-Scheich der Senussi an der Spitze von 10000 wohlgerüsteten Arabern, die von türkischen Offizieren geführt werden, gegen die Italiener marschiere und in weitverbreiteten Proklamationen die Libyer aufreize, die Feinde des Volkes und des mohammedanischen Glaubens aus Nordafrika zu vertreiben. Wie türkische Blätter aus vertrauenswürdiger Quelle erfahren, halten jetzt gut organisierte Streitkräfte der Senussi und der tripolitanischen Eingeborenen das ganze Wilajet Tripolis besetzt. Sie haben ihr Hauptquartier in Suk-el-Dschuma, anderthalb Stunden von der Stadt Tripolis, errichtet und sind auch in die Kasa Syrt eingedrungen. Bei den Kämpfen in dieser Kasa verloren die Italiener sechstausend Mann an Toten und ließen sehr viel Waffen und Munition in den Händen der Eingeborenen.

„Die Westgrenze Ägyptens — schrieb kürzlich Professor Dr. Georg Steindorff, der bekannte Leipziger Ägyptologe, in der Vossischen Zeitung — liegt vollständig offen, und es ist auch kaum eine Möglichkeit vorhanden, die Mündungen der Karawanenstraßen, die durch die libysche Wüste nach dem Niltal führen, durch Forts oder befestigte Lager zu schirmen; denn mit Leichtigkeit könnten diese von den schnellbeweglichen Angreiferscharen umgangen werden. Gelegentlich ist in den Tageszeitungen davon die Rede gewesen, daß die dem Westrande Ägyptens zunächst gelegene große Oase des Faijum mit größeren Befestigungswerken ausgestattet worden sei. Aber auch das ist wenig glaublich, und es wird sich dabei wohl lediglich darum handeln, daß an den Rändern dieser Landschaft stärkere Beobachtungsposten aufgestellt worden sind, um die dort mündenden Wüstenwege zu überwachen. An das fruchtbare ägyptische Niltal schließen sich im Westen unendlich weite Wüstenstrecken; auch ohne künstliche Befestigungen findet in ihnen das Land den besten und sichersten natürlichen Schutz. Einen wesentlich anderen Charakter trägt nun aber derjenige Teil der libyschen Wüste, der sich von Alexandrien gen Westen am Mittelländischen Meer entlang zieht und bis zu den Grenzen von Tripolitanien erstreckt. Den größten Teil dieses Gebietes bildet bewachsene Steppe, ein vortreffliches Weideland."

Für die Erschließung dieser Gegend hat der Khedive Abbas II. Hilmi sehr viel getan, besonders durch Anlage der aus eigenen Mitteln erbauten Mariutbahn, die einige Monate vor Ausbruch des Krieges in Besitz des Staates übergegangen ist. Obwohl diese Bahn zunächst den Zwecken des Handels mit den Erzeugnissen der Mariotis-Landschaft dienstbar sein und eine Verbindung zwischen dem Hafen von Alexandrien und dem Golf von Solum herstellen sollte, schwebte doch dem weitblickenden Vizekönig ihre Fortführung durch die Cyrenaika und Tripolitanien nach Tunis von Anfang an vor Augen. Allmählich sollte eine nordafrikanische Küstenbahn entstehen, die das Niltal mit Marokko verbindet. Daß eine solche Verkehrsader auch von großem strategischem Wert sein würde, bedarf wohl keiner weiteren Erklärung. „Auf derselben Straße, die jetzt der Schienenweg durchzieht", schreibt Professor Steindorff, „ist vor mehr als 2200 Jahren Alexander der Große mit seinen Getreuen marschiert, als er im Winter des Jahres 332 bis 331 v. Chr. seinen abenteuerlichen Zug zu der heiligen Orakelstätte des Zeus-Ammon unternahm, um sich von dem weitberühmten und verehrten Gotte als seinen Sohn erklären zu lassen. Bis Paraitonion — das ist das heutige Mirsa Matruh — war er durch eine ‚wüste, doch nicht wasserlose Gegend' gezogen. Von hier ging der Zug nach Südwesten zur Ammonsoase (jetzt Oase Siwa genannt) auf dem Wege, der noch heute von den Karawanen beschritten wird." Dort, an der Küste entlang, sind heute größere militärische Operationen noch weit eher möglich, wie damals, wobei allerdings zu berücksichtigen wäre, daß weittragende Geschütze vom Meere aus den Gang derselben erheblich beeinflussen könnten. Erst kürzlich soll nach glaubhaften, aber zurzeit nicht nachzuprüfenden Meldungen bei einem Überfall auf eine englisch-ägyptische Küstenwache in der Gegend von Solum auch ein deutsches Unterseeboot beteiligt gewesen sein, das vom Meere her die 60 bis 80 Mann starke Postierung beschoß, während die Araber zu

Lande angriffen. So zwischen zwei Feuer genommen, mußte die Wache unter Verlust von 20 Toten ihre Stellung aufgeben. Eine vollkommene Sicherung der ägyptischen Westgrenze ist selbstverständlich ausgeschlossen und auch ein nur teilweiser Grenzschutz, etwa in Höhe der großen Oasen der libyschen Wüste, würde bei der Schwierigkeit des Geländes eine allzu große Truppenmasse erfordern. Einfälle der Beduinen können schwerlich verhindert werden, und unter ihnen sind die Senussi die gefährlichsten und militärisch am besten organisierten.

Die Senussi sind in Libyen die unversöhnlichsten Gegner der Italiener. Ursprünglich nur eine religiöse Sekte, die den Islam in seiner Reinheit wiederherstellen wollte, wurden sie erst durch den Einfall der Italiener zu Kriegern, und der Kampf der letzteren gegen die Türkei war eigentlich weit eher ein Kampf gegen eine religiöse Kaste, als gegen ein Volk. Der Einfluß der Senussi ist ungeheuer groß. Er erstreckt sich von den Oasen der Sahara bis zum Senegal, nach dem Jemen, an die Somaliküste und bis zum Malaiischen Archipel. Ahmed-el-Scherif-el-Senussi war infolge der türkischen Mißwirtschaft fast zum Herrn der Cyrenaika geworden und der ganze Handel im tripolitanischen Hinterlande war in den Händen der Senussija. Da landeten die Italiener, sperrten die Küste und verhinderten die Ausfuhr von Waren, sowie die Einfuhr von Lebensmitteln, die nun weit schwieriger und darum teurer auf dem Landwege über Ägypten oder Tunis herangeschafft werden mußten. Das machte die Senussi zu erbitterten Feinden der Italiener.

Daß die Engländer ein Übergreifen der Senussibewegung auf ägyptischen Boden von vornherein befürchtet haben, ging schon aus einem anderen Artikel des „Temps“ hervor, der, ohne Zweifel aus englisch-ägyptischen Kreisen stammend, den Großsenussi umschmeichelte und ihn auf die angeblichen, besonders herzlichen Sympathien hinwies, die der von den Engländern zum Scheinsultan von Ägypten ernannte und mit reichen Mitteln ausgestattete Prinz Hussein für die Senussi empfinde. Ein ebenso durchsichtiges, wie zweckloses Manöver!

Wohl kann die Türkei weder zu Lande, noch zu Wasser den Libyern zu Hilfe kommen, doch scheint es, wie aus einem Telegramm des „Temps“ ersichtlich ist, einzelnen türkischen Offizieren gelungen zu sein, vermutlich über Ägypten tripolitanisches Gebiet zu erreichen und den Aufstand militärisch zu organisieren. Es sei nur daran erinnert, mit welchem Geschick und Erfolg seinerzeit Enver Pascha und nach ihm Aziz-bey-el-Masri, ein Ägypter, den Widerstand der Araber gegen die Herrschaft des italienischen Eindringlings geleitet haben.

Inzwischen haben die Italiener in Libyen eine Schlappe nach der andern erlitten; sie sind auf einen ganz schmalen Küstenstreifen zurückgedrängt worden. Das wurde, trotz aller Versuche, die volle Wahrheit zu verschleiern, sehr bald auch in Italien bekannt und als einer der mittelbaren Verluste angesehen, die das Land durch den Krieg erlitten hat. Aus einem im Januar 1916 veröffentlichten Dekret ist ersichtlich, daß die Regierung in Rom die Hoffnung auf eine Wiedererlangung der verlorenen Gebiete in Libyen bis auf weiteres aufgegeben hat, da mehrere hundert Post-, Telegraphen-, Verkehrs-, Justiz- und Verwaltungsbeamte von dort zurückberufen worden sind.

Schon im Dezember 1915 haben größere Feindseligkeiten der Senussi auch gegen die Engländer begonnen. Ein Bruder des Groß-Scheichs der Senussi und Nuri Bey, ein Vertrauensmann Enver Paschas, sollen die eigentlichen Leiter der Unternehmungen sein. Sie erklärten den Kriegszustand an der Westgrenze Ägyptens im Einvernehmen mit drei anderen Senussiführern, bemächtigten sich sofort verschiedener Oasen und rückten gegen Mirsa Matruh vor. Ägyptische Küstenwächter und die ihnen unterstellten Mannschaften gingen zu den Arabern über und eine Batterie der ägyptischen Armee weigerte sich auf die Senussi zu feuern. Die Senussi setzten Ende Dezember ihre Angriffe gegen die Engländer erfolgreich fort. Die Gegend der Oase Siwa wurde vollständig von letzteren gesäubert. Eine Kolonne, die an der Küste vorrückte, griff die Ortschaft Matruh, 24 Kilometer östlich von Solum, an. In dem Kampfe wurden der Kommandant von Matruh und 300 englische Soldaten getötet. Der Rest der englisch-ägyptischen Truppen floh gegen Osten. Die muselmanischen Krieger erbeuteten bei Solum und Matruh von den Engländern zwei Feldkanonen, eine Menge Artilleriemunition, zehn Automobile, darunter drei gepanzerte, und eine Menge Kriegsmaterial.

Eine Meldung aus Rom ergänzte die Nachricht über diese Kämpfe dahin, daß Solum infolge der Angriffe arabischer Aufständischer von der Garnison geräumt werden mußte. Verstärkungen seien unterwegs. Nach in London am 31. Dezember 1915 eingetroffenen Meldungen aus Kairo haben sich die kleineren, zerstreuten Abteilungen der Senussi und Araber an verschiedenen Stellen nahe der Küste zu größeren Formationen vereinigt, die die kleineren englischen

Wachkommandos, von denen ein großer Teil abgeschnitten ist, ernstlich bedrohen. Die Kämpfe seien äußerst heftig. Verwundete oder Gefangene gäbe es fast nicht. Obwohl die Verluste der Engländer verhältnismäßig gering(?) wären, sei doch nicht zu verkennen, daß die Kriegführung der Araber den englischen Truppen einen solchen Schrecken eingejagt habe, daß nach den Meldungen der Kundschafter ganze Regimenter vor den kleinen fliegenden Abteilungen der Araber flüchten. Das habe verschiedentlich dazu geführt, daß sich Kommandos, denen die Flucht nicht mehr möglich war, den Arabern ergaben in der Hoffnung, ihr Leben zu retten. Die Araber hätten aber alle bis auf den letzten Mann niedergemacht, da sie auf ihren Zügen keine Gefangene mitnehmen. Die Bevölkerung sei den Arabern überall günstig gesinnt und schließe sich ihnen bei der ersten Gelegenheit an. Die englischen Truppen müßten daher vorläufig ihre Operationen auf die Umgebung der größeren Lagerplätze beschränken. Mit anderen Worten: die Engländer können sich in ihren schwach zur Verteidigung eingerichteten Grenzwachen nur rein defensiv verhalten.

Am 23. Januar kam es zu neuen, schweren Kämpfen an der Westgrenze Ägyptens. Zwei britische Kolonnen rückten, nach sorgfältiger Aufklärung des Geländes durch Flieger, auf Matruh vor und kamen in den frühen Morgenstunden in Berührung mit dem Feinde, der durch Ausdehnung seiner Flügel die Engländer zu umfassen versuchte. Englische Meldungen besagen, daß die Araber nach einem kaum zweistündigen Kampfe abgezogen seien und ihr Lager bei Hazalin aufgegeben hätten. Sehr weit muß dieser „Rückzug" nicht erfolgt sein, denn schon am 25. Januar hatten die Engländer in derselben Gegend einen neuen Kampf gegen 4500 Araber zu bestehen, wobei sie einen Verlust von 26 Toten und 274 Verwundeten zugaben.

Solum und Mirsa Matruh sind große, wichtige Ortschaften und mit der Oase Siwa, dem Kreuzungspunkt wichtiger Karawanenstraßen, ist den Gegnern der Engländer das erste Stück ägyptischen Bodens in die Hände gefallen. Die Nachricht von dieser Niederlage der Feinde des Islam wird durch die in der Oase eintreffenden Kaufleute weit hinaus unter die Wüstenvölker getragen werden und zur Beteiligung am Heiligen Kriege die vielleicht noch Zaghaften begeistern. Um den Haß gegen die Türkei zu schüren und einen Vorwand für die Kriegserklärung gegen diese zu finden, hatte die italienische Regierung der verblendeten, urteilslosen Masse des Volkes das Märchen von den deutschen und türkischen Agenten erzählen lassen, die die Bewohner Libyens angeblich gegen die Italiener aufhetzen. Daß Deutschland dort unten je seine Hand im Spiel gehabt hätte, ist selbstverständlich ausgeschlossen. Aber auch die Türkei hat sicherlich den Vertrag von Ouchy nicht gebrochen und, solange sie mit Italien im Frieden lebte, ist, dem Wort des Kalifen entsprechend, der „Heilige Krieg" in Tripolis nicht gepredigt worden. Jetzt aber, wo Italien sich den „Feinden des Islam" offen zugesellt hat, fallen alle Rücksichten weg. Fanatische Priester und Derwische verkünden den Willen des Kalifen, des „Schatten Gottes auf Erden", und in einem furchtbaren Volkskriege wird die nur noch schwache italienische Besatzung sich verbluten.

Italien sowohl wie auch Frankreich sind in ernster Sorge wegen des Anwachsens der panislamitischen Bewegung und der Ausbreitung des Heiligen Krieges in ihren nordafrikanischen Gebieten. Briand ließ die Redaktionen Pariser Blätter dringend ersuchen, den italienischen Berichten über die erschreckende Zunahme des Panislamismus in Afrika die Versicherung entgegenzustellen, daß für den Schutz der französischen Kolonialinteressen, besonders der mit der Gefährdung des Suezkanals zusammenhängenden, energisch Vorsorge getroffen werde. Auch die „Tribuna" kann sich der Überzeugung nicht verschließen, daß die Aussichten des Heiligen Krieges bedeutend gewachsen seien. In einem großen Teil der islamitischen Bevölkerung Libyens glaube man nicht mehr, daß die Türkei im Absterben begriffen und Großbritannien der unbestreitbare Beherrscher der mohammedanischen Welt wäre. Überall seien die Mohammedaner, wo sie noch nicht offen dem Vierverband feindlich gegenübertreten, zum mindesten unsicher und zweifelnd geworden. Dagegen müsse mit aller Anstrengung gearbeitet werden, damit diese vorläufig vereinzelten Bewegungen, besonders im Hinblick auf einen deutsch-türkischen Vormarsch gegen Ägypten, nicht an räumlicher Ausbreitung und innerer Kraft zunehmen. Man müsse sich darüber vollkommen klar sein, daß ein feindlicher Erfolg am Suezkanal die weittragendsten Folgen für die Verbündeten, hauptsächlich aber für Italien haben werde. Sehr bezeichnend für die Einigkeit bei unsern Feinden ist es, daß in Paris die Anschauung verbreitet ist, die französischen Interessen in Nordafrika seien von denen der Engländer und Italiener grundverschieden; darum sei bei der Erörterung jener für Frankreich bedeutsamen Angelegenheit im militärischen Vierverbandsrat erhöhte Vorsicht geboten.

Daß die panislamitische Bewegung in Tripolitanien nicht haltmachen, sondern über Tunis, Algerien und Marokko fluten wird, beweisen schon jetzt blutige Anfänge. Der Emir Abdul Malek, der unter den ganzen nordafrikanischen Araberstämmen große Achtung genießt und bedeutenden Einfluß hat, wühlt kräftig gegen Frankreich. Unlängst verjagten die Eingeborenen mehrere französische Aushebungskommissionen und töteten einen Major. Die von dem Scheich Salef Scherif Tunisi nach Berlin einberufene Protestversammlung gegen die gewalttätige Politik Frankreichs in Tunis und Algier gab ebenfalls ein überaus charakteristisches Bild von der Stimmung unter den gebildeten Kreisen in jenen Ländern. Aber erst, wenn die Flutwelle der türkischen Armeen von Osten her über die Sinai-Halbinsel gegen den Suezkanal vorstürzen wird, können dort gewaltige Erhebungen der Völker erwartet werden — gleichzeitig wohl mit erneuten, sehr bedrohlichen Vorstößen der arabischen Beduinen gegen die Westgrenze Ägyptens.

Wie sieht es nun im Osten des Pharaonenlandes aus?

Daß eine türkische Armee Ägypten nur auf dem Landwege über Palästina und die Halbinsel Sinai erreichen kann, ist klar. Feindliche Flotten würden die Annäherung zur See verhindern. Die durch Kleinasien führenden Wege des Weltverkehrs sollen hier auf ihre militärische Verwendbarkeit nicht näher betrachtet werden. Wir wenden uns sogleich den direkt nach Süden laufenden Bahnen zu. Syrien-Palästina besitzt eine große Linie, die zum Teil durch die langgestreckte Nordsüdsenke führt und zwar von Aleppo über Hama und Homs nach Damaskus. Eine Eisenbahn längs der

Küste gibt es nicht. Obwohl kaum von strategischem Wert, seien noch — als Verbindungen zum Mittelmeere hin — erwähnt die Linie aus der Bika nach Beirut, die nach Haifa, sowie diejenige von Jerusalem nach Jaffa. Von Damaskus läuft in südlicher Richtung die Mekka- und Hedschasbahn, die durch Peträa, ungefähr der Straße der Pilger nach den heiligen Stätten des Islam folgend, nach Medina und Mekka führt und die einzige Eisenbahn Arabiens ist. Ursprünglich religiösen Zwecken ihre Entstehung verdankend, ist sie doch auch von großer strategischer Bedeutung und seit dem 1. September 1908 bis Medina im Betrieb, also auf einer Strecke von insgesamt 1449 Kilometer. „Sie soll die Möglichkeit gewähren, rasch Truppen in die entlegneren Teile West- und Südarabiens zu werfen, wenn diese oftmals von Aufständen heimgesuchten und vielfach nur nominell der Herrschaft des Sultans unterstehenden Gebiete wieder einmal gar zu lebhafte Unabhängigkeitsgelüste betätigen sollten. Zur Sicherung der türkischen Stellung in Arabien gegenüber den Versuchen anderer Nationen, daselbst Fuß zu fassen, trägt die Hedschasbahn gleichfalls sehr viel bei.“ (Dr. Richard Hennig, Die Hauptwege des Weltverkehrs.)

Von besonderer Wichtigkeit, in erster Linie für den Handel, wäre eine durch diese Linie bewirkte Verbindung mit dem Roten Meer am nördlichsten Zipfel des Busens von Akaba, weil von dort aus, unter Ersparung der hohen Durchfahrtskosten durch den Suezkanal, ein Schiffsanschluß nach den Küsten des Indischen Ozeans, Ostasiens und Australiens ermöglicht werden könnte, und deshalb besteht seit Jahren der Plan, von der Station Maan es Sauan an der Mekkabahn aus eine Zweiglinie nach Akaba zu führen. Letzterer Ort war schon im Altertum ein bekannter Handelsplatz. Von ihm sandte König Salomo eine Flotte ab nach Ophir, um Gold und Elfenbein aus dem sagenhaften Lande für seine Prachtbauten herbeizuschaffen. Später trieben die Römer von dort aus lebhaften Handel. Seit Erbauung des Suezkanals hat England mit allen Mitteln der Diplomatie es verstanden, eine Heranführung der Mekkabahn bis nach Akaba zu hintertreiben, nicht allein aus Besorgnis vor der Konkurrenz, die dadurch dem Kanal entstehen würde, sondern gleichzeitig aus Furcht vor einer Stärkung der türkischen Stellung am Roten Meer. Es hat daher längst den Platz, der früher zur Türkei gehörte, für Ägypten, also für seine eigensten Interessen, in Anspruch genommen und leicht befestigt. Während des Weltkrieges, bald nach Anschluß des osmanischen Reiches an die Mittemächte, besetzten türkische Truppen Akaba, vermochten es aber unter dem Feuer des britischen Kreuzers „Minerva" nicht zu halten. Mehr allerdings als die Zerstörung der Stadt haben die Engländer nicht erreicht, da es ihnen an den nötigen Landungstruppen fehlte, um über den Feuerbereich der Schiffsgeschütze hinaus taktische Erfolge gegen die Türken zu erringen. Von Kairo führt über Suez nach Akaba der von ägyptischen Pilgern am meisten benutzte Weg nach Medina.

Die 59000 Quadratkilometer große, stellenweise bis zu 2600 Meter ansteigende Halbinsel Sinai ist mit großen Truppenmassen und den dazu gehörigen Kolonnen nicht so schwer zu durchqueren, wie es vielleicht den Anschein hat. Der Boden ist weit eher hart und steinig, als sandig und für Geschütze und Lastwagen mit breiten Radfelgen sehr wohl fahrbar. Erhebliche Schwierigkeiten bietet die Lösung der Wasserfrage. Der Londoner Korrespondent des Corriere della Sera berichtete Mitte Dezember 1915, allerdings auf Grund von Angaben eines in Amerika erscheinenden syrischen Blattes, die Türken seien daran, eine 150 Meilen lange Eisenbahn durch die Wüste Sinai nach dem Suezkanal zu bauen. Parallel mit den Schienen laufe eine Röhrenanlage für Trinkwasser. Bei ihrem ersten Ansturm gegen den Suezkanal hätten sie das Wasser in Behältern mitgeführt. Nach ihrer Niederlage (?) mußten sie diese im Stich lassen, und viele Soldaten seien deshalb auf dem Rückzug verdurstet. Das werde bei einem zweiten Versuch nicht mehr vorkommen, denn die aus dem großen Brunnen von Bir-es-Saba gespeiste Leitung werde auch den größten Anforderungen genügen. Anfangs 1916 sollte — nach der Idea Nazionale — der Bau dieser Bahn schon bis auf etwa 40 Kilometer vom Kanal entfernt gediehen sein.

Selbstverständlich darf aus militärischen Gründen Genaues über die Anlage der Bahn und über alle sonstigen, von den Türken getroffenen Einrichtungen zur leichteren Annäherung an den Suezkanal nichts gesagt werden.

Zwei Fehler wurden von den Engländern gleich bei Beginn der Feindseligkeiten, Anfang November 1914, gemacht: General Maxwell verabsäumte, das an der vorgenannten Karawanenstraße von Suez nach Akaba gelegene Kalaat en-Nachl ausreichend zu befestigen und el-Arisch mit allen Mitteln zu halten, das alte „Laris" der Kreuzzüge, auf dem Wege von Port Said nach Gaza, der Mittelmeerküste entlang, eine Grenzfestung nach Palästina zu mit kleinem Hafen. So gingen diese beiden wichtigen Straßensperren und Stützpunkte an die dem Kalifen treu ergebenen berittenen Beduinen-Stämme verloren. Von der Beweglichkeit und Tollkühnheit dieser fanatischen Wüstensöhne haben die Engländer überhaupt noch viel zu gewärtigen. Sie werden die nach taktischen Gesichtspunkten durchgeführten Angriffspläne der Armee wirksam unterstützen und sind schon seit Monaten eine fortwährende Beunruhigung der über den Kanal vorgeschobenen englischen Stellungen. Die ägyptischen Nationalisten haben schon dafür gesorgt, daß die Bevölkerung des Landes den kühnen Reitern jede irgend mögliche Hilfe angedeihen läßt. Bereits Ende November 1914 fanden östlich vom Kanal selbst, bei Kantara, kleinere Gefechte statt, in denen die Türken Sieger blieben. Eine ziemlich weit vorgeschobene englische Vorpostenstellung wurde gestürmt und die Mannschaft niedergemacht. Mehrere hundert eingeborene Soldaten gingen zu den Türken über, und die mit dem Leben davongekommen waren, retteten sich in wilder Flucht. Im Februar 1915 gelang es sogar einer größeren türkischen Aufklärungstruppe, laut Mitteilung des Großen Hauptquartiers, durch die britischen Vorposten durchzustoßen und südlich des Timsahsees den Kanal zu überschreiten, trotz des heftigen Feuers englischer Kreuzer und Panzerzüge. Von einem Bekannten, der diesen Streifzug mitgemacht hat, erfuhr ich, er habe „ganz deutlich die Hunde in Ismailia heulen gehört". Ähnliche kleine Kämpfe türkischer Vortruppen fanden am 26. März 1915 statt und zwar am südlichen Teile des Kanals zwischen den Bitterseen und dem Golf von Suez, bei den Stationen Schaluf und Madama. Dabei wurde eine englische Kolonne vernichtet und mehrere Transportdampfer erfolgreich beschossen. Eine Zeitlang hörte man wenig von militärischen Operationen am Kanal und in der Wüste, sei es, daß größere Unternehmungen überhaupt nicht zu melden waren, sei es, daß der strenge Überwachungsdienst der Engländer und wohl auch türkische Verschwiegenheit keine Nachrichten durchließen. Erst Mitte Januar 1915 erfuhr wieder ein Mailänder Blatt durch einen gelegentlichen Mitarbeiter aus Kairo von einem Zusammenstoß zwischen englischen und türkischen Truppen am Suezkanal. Ein verwundeter englischer Hauptmann habe erzählt, die Verluste seien auf beiden Seiten bedeutend gewesen. Den Engländern wäre es gelungen, die Türken nach heftigem Kampfe zurückzuschlagen und einige Gefangene zu machen. Die Zahl der verwundeten und getöteten englischen Offiziere belaufe sich auf 62.

Der britische Generalstab ist offenbar entschlossen, nicht angriffsweise vorzugehen, sondern den Feind in einer Defensivstellung zu erwarten. Nur schwächere Kundschafterabteilungen und die unentbehrlichen Sicherungen sind bisher auf die Sinaihalbinsel vorgeworfen worden, zumeist aus Kanadiern und Australiern bestehend. Auf die am Roten Meer wohnenden Araberstämme haben die Nachrichten von den Siegen der Mittemächte und ihrer treuen Verbündeten, hauptsächlich aber der Rückzug der Engländer aus der Suvlabucht, wie aus zuverlässiger Quelle verlautet, einen mächtigen Eindruck gemacht, dessen Folgen bald fühlbar sein werden. „Die türkische Hauptmacht ist bis jetzt noch nicht zum Angriff gegen Ägypten geschritten", schreibt Georg Steindorff, „und dürfte es wohl auch nicht eher tun, als bis die völlig fehlenden Verbindungslinien mit der Operationsbasis in Syrien geschaffen sein werden. Wer sich darüber wundert, denke daran, wie große Nöte die Expeditionsarmee Bonapartes auf ihrem Marsche zwischen Ägypten und Akka in den wasserlosen Wüsten zu bestehen hatte, wie viele Tausende damals von Hunger und Durst dahingerafft wurden. Und was will dieser Zug vor einem Jahrhundert bedeuten gegen den Vormarsch einer großen modernen Armee! So darf man in dem vorläufigen Ausbleiben größerer Unternehmungen gegen den Suezkanal nicht eine verzagende Schwäche der türkischen Strategen, sondern eine von größter Besonnenheit und fürsorgenden Energie getragene Maßregel erblicken."

Sudan, Abessinien und Erythräa.

Wer Ägypten hat, ist auch Herr über den Sudan, der schon seit 1841 teilweise zu Ägypten gehörte. Auf die ältere Geschichte dieser ungeheuren, sehr entwicklungsfähigen Gebiete kann hier nicht eingegangen werden. Da aber die ägyptische Regierung zu schwach war, den Sudan auch tatsächlich zu beherrschen, so war es für Mohamed Ahmed, den angeblichen „Mahdi" des Islam, im Jahre 1880 nicht schwer, die unruhige und wegen der Unterdrückung des Sklavenhandels empörte Bevölkerung für sich zu gewinnen. Er besetzte 1882 Darfur, Sennar, Bahr-el-Ghazar und am 16. März 1883 fiel auch El-Obeid nach langer Belagerung. Eine Armee unter dem englischen Oberst Hicks Pascha, die von Khartum aus gegen El-Obeid vorgehen wollte, wurde aufgerieben. An der Küste des Roten Meeres siegte gleichzeitig der Sklavenhändler Osman Digma über ägyptische Truppen und Slatin Bey, der Gouverneur von Darfur, mußte sich ergeben. Ägypten war weder militärisch noch finanziell stark genug, die verlorenen Gebiete zurückzuerobern, und die britische Regierung scheute, als gewiegter Geschäftsmann, die Kosten einer solchen Unternehmung, schickte aber den General Gordon nach dem Sudan mit der Aufgabe, die Truppen von dort zurückzuziehen und eine nationale Regierung einzusetzen. Gordon wurde jedoch von den Mahdisten in Khartum eingeschlossen. Als endlich, nach langem Zögern, im Januar 1885 englische Truppen unter General Wolseley vor Khartum eintrafen, um Gordon zu befreien, war es zu spät. Die Stadt war zwei Tage vorher gefallen und Gordon den Heldentod gestorben. Im Jahre 1885 war der Mahdi Herr über den Sudan mit Ausnahme von Suakim und der Provinz Äquatoria.

England gab den Gedanken an die Wiedereroberung des Sudan nicht auf. Als dann die Italiener im März 1896 durch Kaiser Menelik von Abessinien eine schwere Niederlage erlitten hatten, wurde von der britisch-ägyptischen Regierung unter Lord Kitchener eine Expedition dorthin, angeblich zur Hilfe für die Italiener, entsandt, aber mit dem heimlichen Hauptzweck, Dongola zurückzugewinnen. Nach einem Siege über die Derwische bei Tirket folgte die Einnahme Dongolas. Kitchener baute darauf eine Bahnlinie von Wadi-Halfa nach Abu-Hamet, die ihm ein weiteres Vordringen sehr erleichterte. Am 2. September 1898 schlug er bei Omdurman die Mahdisten und eroberte zwei Tage später Khartum. Das Ziel der Expedition war erreicht und am 19. Januar 1899 wurde zwischen England und Ägypten ein vom völkerrechtlichen Standpunkte aus ganz unhaltbares Abkommen über die Verwaltung des Sudan getroffen — ein Vertrag, der der suzeränen Türkei nicht einmal notifiziert, geschweige denn von ihr genehmigt worden war, und somit eigentlich ungültig ist. Aus ihm geht hervor, daß die beiden Mächte einen von Ägypten unabhängigen, souveränen Staat schaffen wollten, obwohl Ägypten, als halbsouveränes Land, kein Recht hatte, politische Verträge selbständig zu schließen. Trotzdem regiert seit 16 Jahren in Khartum der britische Generalgouverneur und erläßt nach Gutdünken Gesetze und Verwaltungsbestimmungen, ohne von den europäischen Großmächten irgendwie darin gehindert zu werden.

England ist sich klar darüber, welche Gefahr seiner Herrschaft in Ägypten von Süden her droht. Man darf nicht vergessen, daß die Macht des Mahdi in Khartum nur deshalb möglich war, weil der Sudan damals eigentlich niemandem gehörte. Sobald eine feste Hand zugriff, wurde den mohammedanischen Schwärmern und dem Mahdi selbst wohl ein schnelles Ende bereitet, aber diese Schwärmer, die todesmutig für ihren Glauben in den Kampf ziehen — und ihre Zahl in Afrika ist Legionen groß — stehen jetzt auf seiten der Mittemächte. Man hat es den Engländern nicht vergessen, daß der brutale Lord Kitchener die heilige Ruhestätte des Mahdi entweihte, seine Gebeine verbrennen und sein Grab dem Erdboden gleichmachen ließ.

Als der Khedive Abbas II. Hilmi von den Engländern abgesetzt worden war, erließ er einen Aufruf an das ägyptische Volk, in dem es heißt: „Meine lieben Kinder! Eine fremde Macht hält seit 32 Jahren unser teures und vielgeliebtes Land besetzt! Die so ungeduldig erwartete Stunde der Befreiung ist endlich angebrochen. Die Besetzung sollte nach den wiederholten Erklärungen der englischen Regierung und den feierlichen Versprechungen ihrer in erster Linie zuständigen Vertreter nur eine zeitweilige sein; sie sollte auch die Befestigung des Thrones des Khedive zum Ziele haben. Die englische Regierung aber vergißt nicht nur ihre Versprechungen, das Land zu räumen, sondern sie mischt sich ungesetzlicherweise in die Verwaltungs- und die politischen Angelegenheiten ein; indem sie die Finanzen des Landes verschleudert, unsere souveränen Rechte über den Sudan mißachtet und in den öffentlichen Verwaltungen die Landeskinder durch Engländer ersetzt, die Unabhängigkeit der Richter durch den Erlaß von Gesetzen gefährdet, die die Freiheit der Person und des Gedankens, der Schrift, der Rede und der Versammlungen behindern; indem sie sich unseren und eueren Wünschen widersetzt, die Wohltaten des Unterrichts und der Erziehung zu verbreiten; indem sie endlich die Errichtung eines verfassungsmäßigen, mit den Anforderungen des Fortschritts vereinbaren Regiments verhindert. — Da der Wunsch Seiner Majestät des Kalifen und seiner Regierung dahin geht, seinen Firmanen zum Glück der Bewohner Ägyptens und des Sudan Nachachtung zu verschaffen, hat der Beherrscher der Gläubigen beschlossen, nach Ägypten eine hinreichend mächtige Armee zu entsenden, um dort den Zustand vor 1882 wiederherzustellen. Ihr könnt zu diesem Siege beitragen durch eure Einigkeit und eure wertvolle Mithilfe." Nachdem der Ex-Khedive die Gewährung einer Verfassung versprochen hat, fährt er fort: „Wir verkünden ferner die Aufhebung der Gesetze, die die Freiheit beschränken, die

Wiedereinführung der Garantien für die Unabhängigkeit des Richterstandes und die Amnestie für alle politischen Verbrechen und Vergehen. Wir verkünden ebenso unseren Willen, den öffentlichen Unterricht entwickeln zu wollen, das Land auf den Weg des moralischen und materiellen Fortschritts zu führen und endlich alle Maßnahmen zu treffen, die allen Bewohnern Ägyptens und des Sudan Sicherheit und Glück gewährleisten können.

Ägypter und Sudaner! Die Gelegenheit ist günstig, nutzen wir sie aus! Eure Losung soll die Befreiung Ägyptens und die Achtung der Personen und des Eigentums Fremder sein. Wir haben als Feind nur die Besetzungsarmee und alle, die ihr Hilfe und Beistand leisten. Möge der Allerhöchste unsere auf Recht, Gerechtigkeit und Freiheit gegründeten Wünsche verwirklichen!"

Dieser Ruf ist nicht unerhört verhallt. Er hat bis tief in den Sudan hinein Verbreitung gefunden. Und durch eine Maßregel haben die Engländer sich selbst das Schwert geschärft, das ihnen nun droht. Als sich eingeborene ägyptische Offiziere und Mannschaften weigerten, sei es in Gallipoli oder am Suezkanal, gegen ihre Glaubensgenossen, die Türken, zu kämpfen, wurden sie entwaffnet und nach dem Sudan geschickt, aus Furcht, sie könnten die antienglische Bewegung in Ägypten unterstützen. Dadurch erfuhren die Sudaner, die es vielleicht noch nicht wußten, erst recht, was ihnen verheimlicht werden sollte, und daß der Heilige Krieg vom Kalifen erklärt worden ist. „Es ist ganz unzweifelhaft — schrieb unlängst der Nieuwe Rotterdamsche Courant —, daß vierzehn Tage nach der Besetzung Kairos Enver Pascha das Denkmal Gordons in Khartum in die

Luft sprengen kann, wenn er will. Der ‚Mahdi Mulla‘ im Hinterlande der Somaliküste, der, nebenbei gesagt, gar nicht so dumm ist, wie er von englischer Seite geschildert wird, der Sultan von Dafur und alle mohammedanischen Fürsten von ganz Mittelafrika werden dieses für den geeigneten Augenblick erachten, um endlich einmal mit dem englischen Gewaltherrscher abzurechnen. Hierbei ist nicht aus dem Auge zu verlieren, daß Slatin Pascha, der Mann, durch den Großbritannien den Sudan ‚pazifiziert‘ hat, der Held, der für sich allein mehr Einfluß in Nubien und Abessinien besitzt als ein ganzes Heer, auf der Seite der Mittemächte kämpft. Jetzt ist er am Isonzo, aber man wird ihm wohl Urlaub geben, um das Land, wo er zehn Jahre in Gefangenschaft seufzte, um dann sein allmächtiger Beherrscher zu sein, wiederzusehen. Dann wird man verstehen, daß Britisch-Ostafrika in böses Gedränge geraten kann. Vielleicht dauert es Monate, bis es so weit ist, aber die Verbandsmächte können nichts dagegen tun. Sowie Ägypten sich in den Händen der Mittemächte befindet, dann wird das ganze Afrika, mit Ausnahme der Südafrikanischen Union ihre Beute.“

⁂

Enver Pascha hatte in der weiter oben erwähnten Unterredung mit ungarischen Pressevertretern gesagt, in Tripolis erwarte die Italiener „ein neues Abessinien“. Unwillkürlich richten sich sofort unsere Blicke auf diesen letzten christlichen Staat im Innern Afrikas. Wohl liegen völlig zuverlässige Nachrichten von dort bis heute nicht vor, aber eine fremdenfeindliche, besonders gegen die Italiener gerichtete Bewegung macht sich wieder einmal in Abessinien fühlbar und soll den italienischen Gesandten in Adis Abeba veranlaßt haben, seine Regierung um Truppensendungen zu ersuchen. Der Negus Menelik hatte bekanntlich am 2. Mai 1889 mit Italien das Bündnis von Utschalli geschlossen, in dem das von einer italienischen Armee besetzte Gebiet als italienische Kolonie Erythräa anerkannt wurde. Damit war aber keineswegs ein dauernder Friede geschaffen. Wiederholte, schwere Kämpfe der Abessinier gegen die Italiener führten schließlich am 1. März 1896 zu einem blutigen Siege Meneliks und am 26. Oktober desselben Jahres zu dem Frieden von Adis Abeba, in welchem Italien auf seine abessinischen Ansprüche verzichtete. Trotzdem sieht der Abessinier in Italien noch immer eine ständige Gefahr für sein Land, das an Erythräa grenzt. Auch unter Meneliks Nachfolger haben diese Feindseligkeiten nicht nachgelassen. Es ist zu erwarten, daß die Abessinier, ein kriegerisches Volk, die Zeit der europäischen Wirren, die Italien in der Gefolgschaft Englands beschäftigt, nicht ungenutzt vorübergehen lassen werden.

Um die Mitte des Monats Januar 1916 war es dort unten und auch in Französisch-Somaliland mit seiner bedeutenden Hafenstadt Djibuti noch ganz ruhig — aber das ist wohl nur eine Stille vor dem Sturm, durch die man sich nicht täuschen und zu falschen Schlüssen verleiten lassen darf. Alles hängt von den Vorgängen in Ägypten ab. Sollte dort die britische Herrschaft stark bedroht werden und es gar zu einer Volkserhebung kommen, dann wäre es mit der Ruhe in Erythräa und Abessinien schnell vorbei. Unter den Eingeborenen gärt es schon längst, da sie durch den Stillstand des Handels eine große materielle Einbuße erleiden. Aus der Beschlagnahme deutscher Schiffe im Hafen von Massauah hatte das Volk wohl die erste Nachricht von den kriegerischen Ereignissen in Europa geschöpft. Inzwischen aber ist sicherlich, trotz aller Vorsicht der Engländer und Italiener, mancherlei durchgesickert. Am Hofe Lidsch Jeassus befinden sich mehrere Deutsche und Österreicher, deren Einfluß nicht unbedeutend sein soll, obwohl man ihn bei dem schwankenden Charakter des jungen Herrschers nicht überschätzen darf. In der Politik der italienischen Regierung in der erythräischen Kolonie sind viele Fehler vorgekommen, die dem Ansehen Italiens zugunsten Abessiniens schaden werden. Es residiere — schreibt sogar ein in Rom erscheinendes Blatt — seit Dezember des abgelaufenen Jahres in Asmara, einem befestigten Ort südwestlich von Massauah, ein diplomatischer Vertreter der abessinischen Regierung. Dies möge für die Beziehungen zwischen den beiden Ländern seine Vorteile haben, aber jedenfalls würde dadurch das Ansehen Abessiniens bei den Eingeborenen erhöht. Es sei dies ein Zeichen eines falschen Systems, das früher oder später schlimme Folgen zeitigen werde.

Die Stimmung der ägyptischen Bevölkerung.

Es ist die Ansicht verbreitet, die übrigens auch von gründlichen Kennern des Landes geteilt wird, daß die Ägypter nicht wagen würden, sich jetzt, während des Weltkrieges und der Ereignisse am Kanal, offen gegen die englische Willkürherrschaft aufzulehnen und das Joch abzuschütteln, unter dem sie sei Jahrzehnten seufzen. An Unterdrückung gewöhnt, hätten sie nicht mehr die Kraft zur Selbstbefreiung. „Sie ballen die Faust, sie tuscheln und gestikulieren, sie freuen sich an den eingeschmuggelten Berichten über die Erfolge der Türken: aber zu einer Erhebung werden sie sich nicht aufraffen", meint Georg Steindorff. Sicherlich ist es ein Wagnis, in dieser Beziehung den Propheten spielen zu wollen. Der Ägypter läßt sich nicht leicht aus seiner Ruhe und orientalischen Gleichgültigkeit bringen. Es fehlt auch zurzeit an führenden Geistern, die einen Aufstand zu organisieren fähig wären, und die Masse des Volkes verfügt infolge strenger Überwachung der Einfuhr nicht über die erforderlichen Waffen, besonders nicht über Schußwaffen. Auch wurden den eingeborenen Truppen und den Fellachen, die zu ihrem persönlichen Schutz etwa noch im Besitz einer Waffe waren, gleich bei Beginn des Krieges alle Gewehre, Seitengewehre und die Munition abgenommen. Trotzdem glaube ich, daß e i n e e r f o l g r e i c h e O f f e n s i v e d e r T ü r k e i g e g e n d e n S u e z k a n a l n i c h t o h n e R ü c k w i r k u n g a u f d a s V e r h a l t e n d e r B e v ö l k e r u n g b l e i b e n w i r d und ich erachte eine V o l k s e r h e b u n g k e i n e s w e g s f ü r a u s g e s c h l o s s e n.

Die Ruhe, die angeblich, nach verlogenen Reuter-Telegrammen, immer noch in Ägypten herrschen soll, ist nur eine scheinbare. Durch völliges Abschließen des Landes von der übrigen Welt, durch Lügenberichte über Niederlagen der Mittemächte und strengste Preßzensur hat die britische Regierung lange Monate hindurch das leichtgläubige Volk zu täuschen vermocht und mit einer Brutalität ohnegleichen jede Bewegung im Keime erstickt, aber allmählich drang, wenn auch vielleicht etwas entstellt und abgeschwächt, die Wahrheit dennoch durch. Der oben S. 5 schon genannte russische Schriftsteller W. Shabotinski schrieb im September 1915: „Ich verließ Ägypten Anfang März. Die Eingeborenen waren mehr als ruhig; es war sichtbar, daß sie alle ihre Erwartungen preisgegeben und sich ein- für allemal gesagt hatten, der Krieg ginge sie absolut nichts an, da ‚kein Tier stärker sei als die Katze'. Jetzt treffe ich aber Leute, die Ägypten weit später als ich verlassen haben. Ihre Eindrücke über die Stimmung der Eingeborenen sind bereits anderer Natur. Auf den Basaren in Kairo ist es nicht unbeachtet geblieben, daß an den Dardanellen eine große und schwere Stockung der Operationen eingetreten ist. Man flüstert auf den Basaren Kairos und folglich auch auf allen Basaren Nordafrikas. Je weiter von der Küste, desto lauter das Geflüster, desto größer die Zahl der Gerüchte und Phantasien, desto stärker der Glaube, daß vielleicht doch schon Allahs Zorn vergangen und die Stunde nicht mehr fern sei ...." Zwei türkische Flieger haben erst vor einigen Wochen über Kairo Proklamationen abgeworfen, in denen das türkisch-bulgarisch-deutsch-österreichische Bündnis als ein Unterpfand für die baldige Befreiung Ägyptens gepriesen wird.

Was sollte das Volk, was konnte es bisher gegenüber einer gewaltigen Truppenmasse anfangen? Es mußte sich sagen, daß es das beste sei, sich vorläufig ruhig zu verhalten und — abzuwarten, bis die türkische Armee auf ägyptischem Boden Fuß gefaßt haben würde. Dann erst wird seine Stunde schlagen!

Daß die Engländer sich auf die ägyptische Armee verlassen könnten, glauben sie selbst nicht. Der nationale und religiöse Gegensatz zwischen den britischen Offizieren und den eingeborenen Mannschaften ist zu groß. Vor den Offizieren der Besatzungsarmee, deren unsoldatisches und oft taktloses Benehmen jeder Beschreibung spottet, hat der Ägypter ebenso wenig Respekt, wie vor den Mannschaften, die ihre Zeit zumeist mit sportlichen Spielen vertändeln, und die demonstrativen militärischen Spaziergänge der englischen Bataillone durch die Straßen Kairos und Alexandriens werden von den Eingeborenen schon seit Jahren kaum noch beachtet, oft sogar belächelt. Und das uniformierte Gesindel, das England „zum Schutze des Landes" aus Indien, Australien und sonst woher gerufen hat, beträgt sich derartig und zeigt so wenig Talent und Neigung zu kriegerischer Betätigung, daß es eben höchstens durch seine Masse auf das Volk einigermaßen Eindruck macht. Zum nicht geringen Teil sind es Burschen von 15 bis 16 Jahren und wenn sie durch Kairo marschieren, heißt es, der Kindergarten werde wieder einmal ausgeführt. In den verrufenen Stadtvierteln von Alexandrien und Kairo treiben sich die whiskytrunkenen Kerle herum, verprügeln sich gegenseitig, plündern und demolieren die Läden und vergewaltigen die Frauen. Mir sind von ganz zuverlässiger Seite durchaus nicht übertriebene Nachrichten zu Ohren gekommen, die wiederzugeben die Feder sich sträubt.

Gleich zu Beginn des Krieges haben mehr wie törichte englische Maßnahmen den im ägyptischen Volke längst lodernden Haß gegen die Bedrücker nur noch mehr entflammt. Das ganze Land war fest überzeugt, daß der Khedive von den Folgen des gegen ihn in Konstantinopel verübten Attentats genesen sei, aber gewaltsam von der englischen Regierung an der Rückkehr in sein Reich verhindert würde. Ließ man doch sogar auf dem Telegraphenamt in Alexandrien eine chiffrierte Depesche des ägyptischen Ministerpräsidenten und damaligen Regenten Ruchdi Pascha an den Khedive nicht abgehen. Ferner wurde dem Kaiserlich Ottomanischen Oberkommissariat, der Vertretung der Hohen Pforte bei der vizeköniglichen Regierung, verboten, Chiffretelegramme nach Konstantinopel zu senden. Erst nach langen und nachdrücklichen Protesten gelang es, die Zulassung von chiffrierten Drahtnachrichten an die Türkei zu erwirken. Dabei war diese doch noch nicht im Kriege gegen England! Eine derartige Mißachtung der landesherrlichen Würde hat die Gärung im Niltale erheblich gesteigert. Unter solchen Umständen gewannen auch die sonst wenig beachteten Protestkundgebungen der Jung-Ägypter in Genf gegen die britische Okkupation an Bedeutung. Die Ausweisung der diplomatischen und konsularischen Vertreter Deutschlands und Österreichs machte sehr böses Blut, da, wie schon gesagt, viel deutsches Kapital im Lande arbeitet, der deutsche Kaufmann sich allgemeiner Achtung erfreut und zahlreiche Eingeborene von den deutschen Geschäftsleuten materiell abhängig sind. Dazu kam die Unterbrechung aller Post- und Telegraphenverbindungen mit Europa, die für Ägypten, das damals immer noch neutrale, wirtschaftliche Nachteile von unberechenbaren Folgen nach sich zog. Die Schuld daran wurde mit Recht allein den Engländern zugeschoben. Bald trat die Wut der Ägypter gegen ihre Peiniger in allerhand Vorkommnissen zutage, die man vier Wochen vorher nicht für möglich gehalten hätte — Symptome, die sehr der

Beachtung verdienen, auch jetzt noch. Hierfür einige Beispiele:

Eines Tages — es war etwa Mitte August — verbreitete sich in Suez das Gerücht, es „werde heute abend etwas passieren und zwar sehr bald nach Sonnenuntergang". Was? — erfuhr man nicht, trotz aller Nachfragen bei den Eingeborenen unter Zusicherung strengster Verschwiegenheit. Man sagt, daß die englischen Hafenwachen ihre Aufmerksamkeit verdoppelt hätten. Punkt 7 Uhr abends brannte lichterloh, von Arabern angesteckt, eines der großen Petroleumreservoirs, aus denen die englischen Kriegsschiffe, die nach Ostasien gehen, versorgt werden! Die Täter hat man nicht entdecken können. — In Port Said und Suez ließen die eingeborenen Hafenbeamten jeden Deutschen oder Österreicher ungehindert, während sie jedem ankommenden Engländer die peinlichsten Zollschwierigkeiten bereiteten. Die arabische Presse, besonders das Blatt „el-Chab", führte eine sehr englandfeindliche Sprache. Man mußte sich wundern, daß es nicht verboten wurde. Es brachte sogar mitunter wahrheitsgetreue Berichte über die Vorgänge auf den europäischen Kriegsschauplätzen, soweit sie überhaupt zu erlangen waren. Gegen Deutschland hetzte nur die vollständig im Solde Englands stehende Zeitung „al-Mokattam", deren mir persönlich bekannter Leiter, ein Kopte, sich täglich auf dem britischen Generalkonsulat „inspirieren" ließ. — In Alexandrien fuhren am 23. August 1914 mehrere junge Leute in zwei Automobilen, die mit englischen und französischen Fahnen verziert waren, durch einen sehr belebten Stadtteil in der Nähe des Hafens. Araber sprangen auf die Wagen, zwangen die Führer zu halten, verprügelten die Insassen, rissen die Fahnen herunter und zertraten sie im Kot der Straße. Diesen Vorgang habe ich selbst beobachtet. Sieht das nach „Ruhe" aus? Ich glaube nicht, selbst wenn man diesen Vorfällen keine besonders große Bedeutung beimißt. Während des Ramadanmonats wurde in allen Moscheen für den Sieg der Deutschen gebetet. Unser Feind ist ja auch der Feind des Islam. Zum Bairamfest drückten mir gebildete Araber, auch solche, die ich nicht näher kannte, heimlich die Hand und flüsterten mir, scheu um sich blickend, ihr „Mabruk!" zu, d. h. „Viel Glück!" Ihr frommer Wunsch galt aber nicht meiner Person allein, das merkte ich ihren Blicken an, sondern meinem deutschen Vaterlande und seinem kämpfenden Heere. — Sehr aufreizend wirkte das Verbot der Hissung der osmanischen Flagge. — In Alexandrien herrschte kurz vor meiner Abreise ein förmlicher Belagerungszustand. Mohammedanische Notable wurden verhaftet; den Grund erfuhr niemand. Militär sperrte die Arbeiterviertel, wo hauptsächlich die brotlos gewordenen Zigarettenarbeiter unruhig wurden. Maschinengewehre standen an einigen wichtigen Verkehrspunkten. Selbst die englische, halbamtliche „Egyptian Gazette" konnte den Aufmarsch Arbeitsloser vor dem Regierungsgebäude nicht verschweigen. Vereinzelt wurden Läden gestürmt und geplündert.

Soweit meine eigenen Beobachtungen oder wenigstens Berichte über Vorgänge, die sich ereigneten, während ich noch in Ägypten war. Als es mir, nachdem ich von zwei Schiffen heruntergewiesen worden war, endlich auf einem dritten, dem schmutzigen Italiener „El Orione", gelang, nach Europa abzureisen, wurde ich beim Betreten des Dampfers von Hafenbeamten auf das genaueste untersucht, ob ich nicht — Zeitungen mit mir nehme! Die Engländer hatten Angst, ihre für Ägypten fabrizierten Lügenberichte könnten in Europa bekannt werden! Einige derselben mögen hier in aller Kürze Platz finden: Beim Angriff auf Lüttich wurden 25000 Mann durch Minen getötet. Der Kaiser hat den König von Belgien um einen zweitägigen Waffenstillstand zur Beerdigung der Leichen gebeten. Prinz Leopold und Prinz Adalbert sind gefallen. Der Kronprinz liegt zu Tode verwundet in Aachen, wo ihn der Kaiser besucht hat. Das preußische Gardekorps ist durch einen mit unwiderstehlicher Wucht vorgetragenen Ansturm der Turkos vollständig aufgerieben worden. Ganz Elsaß-Lothringen ist von den Franzosen besetzt. Die Russen haben in Ostpreußen drei Armeekorps vernichtend geschlagen und stehen nun 150 Kilometer von Berlin entfernt! Sapienti sat!

Seit meiner Abreise aus Ägypten, die doch schon im zweiten Kriegsmonat erfolgte, haben sich selbstverständlich die Gegensätze zwischen Arabern und Engländern zusehends verschärft. Vor allem mit dem Eintreten der Türkei in den Weltkrieg. Die Araber sehen zurzeit in den Briten die schlimmsten Feinde des Islam. Wir haben hier wieder die bei mohammedanischen Völkern übliche Verschmelzung von Politik und Religion. Jeder Krieg, den sie gegen Andersgläubige führen, wird ihnen zum „Heiligen Krieg", und schließlich werden über dem religiösen Fanatismus, auf dem nicht zuletzt die Macht des Islam beruht, die politischen Gründe und Ziele kriegerischer Operationen fast vergessen. Das Heer kämpft für den Glauben und das Volk hält es für eine heilige Pflicht gegen Gott und den Propheten, die kämpfenden Truppen mit allen Mitteln zu unterstützen. Was wir mit dem schimpflichen Ausdruck „Franktireurkrieg“ zu bezeichnen pflegen, ist dem Moslim Religion. Darin liegt die große Gefahr für die Engländer in Ägypten auch jetzt. Wir haben an anderer Stelle schon auf die gleichen Motiven entspringenden Feindseligkeiten der Senussi hingewiesen. Enver Pascha schloß seinen zu Beginn des Krieges ausgegebenen Armeebefehl mit folgenden Worten: „Dreihundert Millionen Moslims, die unter Ketten stöhnen und die unsere alten Vaterlandsgenossen sind, beten für unsern Sieg. Niemand schrecke vor dem Tode zurück! Höchster Ruhm denen, die vorwärtsstürmend als Märtyrer fallen auf dem Wege der Religion und des Vaterlandes. Vorwärts immerdar! Vorwärts! Sieg und Macht, Martyrium und Paradies liegen vorwärts, rückwärts die Erniedrigung. Ein Gebet den Geistern unserer gesegneten, geheiligten Märtyrer!“

Es war wohl einer der gröbsten Fehler, deren die englische Regierung in der Beurteilung des ägyptischen Volkes so viele gemacht hat, daß sie dem völlig unfähigen Prinzen Hussein Kamel, einem Sohn des ehemaligen Khedive Ismail und Onkel des rechtmäßigen Vizekönigs, die khediviale Würde übertrug. In ihm sehen die Ägypter nur einen mit Gold erkauften Verräter ihrer Sache. Er hat den Fluch der ganzen islamischen Welt auf sich geladen. In einem vom Scheich ul-Islam erlassenen Fetwa heißt es, nach Prof. Steindorff: „Wenn ein Moslim sich an England anschließt und versucht, Ägypten aus den Staaten des Kalifats herauszureißen und unter die Herrschaft Englands zu bringen, wenn er sich ferner zum Sultan ausrufen läßt unter dem Schutze der englischen Regierung, beging er dann ein Verbrechen des Verrats gegen Gott, den Propheten und die islamische Gemeinschaft? Antwort: Ja!" In zwei anderen Fetwas wird ausgesprochen, daß dieser Moslim, falls er in seiner Auflehnung verharrt und dem Kalifen nicht gehorcht, die schlimmsten Strafen der anderen Welt verdient und getötet werden darf. Wie die Ägypter diesen Fluch verstehen, beweisen die gegen Hussein Kamel verübten Attentate. Im Dezember 1915 trafen auf Malta Reisende aus Ägypten ein, die berichteten, daß die englischen Behörden die Spuren einer neuen Verschwörung gegen den falschen Khedive entdeckt hätten. Vier Wochen vorher sollen 40 Personen aus der nächsten Umgebung Hussein Kamels verhaftet und einige von ihnen hingerichtet worden sein. Diese letzte Nachricht gebe ich unter Vorbehalt wieder; eine Bestätigung habe ich nicht erhalten können.

Der Scheinkhedive — mehr ist er nicht — fühlt offenbar seinen Thron schon wanken und hat den Engländern angeboten, zugunsten seines ältesten Sohnes, des Prinzen Tussum, abzudanken. Ein Berliner Blatt meldete hierzu, dies sei abgelehnt worden, weil die Gattin des Prinzen die Schwester des früheren, von den Engländern abgesetzten Khedive sei. Richtiger scheint mir die vom 23. Februar 1916 datierte Nachricht der in Ancona erscheinenden, gut unterrichteten Zeitung „Ordine" zu sein, daß Prinz Tussum „demonstrativ" auf den Titel eines Thronfolgers verzichtet habe und ebenso andere Prinzen, denen er daraufhin angetragen worden sei. Es dürfte sich so leicht kein Mitglied der khedivialen Familie mehr finden, welches das Erbe des verfemten Hussein Kamel anzutreten bereit wäre.

Eine erst vor kurzem erlassene Verordnung der ägyptischen Regierung über das Einrücken der gesamten wehrfähigen Mannschaft hat bei den Eingeborenen große Erregung hervorgerufen. Es sind schon allerhand Schwierigkeiten entstanden und weitere werden befürchtet. Truppen wurden in das Innere des Landes geschickt, um die Regierungsmaßnahmen durchzuführen. Und weiter: Bei der Einberufung der Redifs (Landwehr) anfangs Februar 1916 kam es zu Meutereien und blutigen Zusammenstößen. Fünfunddreißig Personen wurden getötet und über vierzig verwundet. Während des Aufruhrs erschoß ein englischer Major einen Araber, der seinen Kaufladen nicht durchsuchen lassen wollte. Wie es den Anschein hat, ist inzwischen, infolge dieser Vorgänge, die Einziehung der Redifs „verschoben" worden. Ähnliche, wenn auch nicht ganz so schlimme Auflehnungen gegen die militärische Disziplin waren schon zu Beginn des Krieges vorgekommen: so die Weigerung eingeborener Offiziere der englischen Besatzungsarmee, außerhalb der Grenzen Ägyptens Dienst zu tun und vor allem gegen die Türkei zu kämpfen; ferner der Streik ägyptischer Matrosen auf Dampfern der Khedivial-Linie, die nach Indien geschickt werden sollten, um Truppen nach Ägypten zu holen.

Über ein paar Vorkommnisse will ich noch berichten, nicht in chronologischer Reihenfolge, sondern wie sie mir gerade in die Erinnerung kommen. Setzt man sie mit den vorerzählten wie Mosaiksteinchen zusammen, so erhält man ein Stimmungsbild aus dem Pharaonenlande, das demjenigen viel sagt, der aus ihm zu lesen versteht.

Vor dem Kriege wurde Freitags in allen Moscheen für den Kalifen, also den türkischen Sultan, gebetet. Nach der Einsetzung eines ägyptischen Sultans durch die Engländer verlangten die letzteren, daß nunmehr Gebete für den neuen Sultan des Landes gesprochen werden sollten, d. h. es wurde ganz einfach ein falscher Kalif von Englands Gnaden eingesetzt. Diesen ungeheuren Eingriff in ihre religiösen Angelegenheiten haben die ägyptischen Mohammedaner den Briten nie verziehen! Natürlich weigerten sich die fanatischen Ulemas (Priester), dem Befehl Folge zu leisten. Die theologische Fakultät der altehrwürdigen Universität al-Azhar in Kairo wurde sofort geschlossen und Professoren wie Studenten auf alle mögliche Weise drangsaliert. An dieser Hauptfeste der islamischen Wissenschaft zu rütteln, gilt in den Augen der Mohammedaner geradezu ein Verbrechen.

Die Arbeitslosigkeit und gleichzeitig die Teuerung der Lebensmittel wächst in der letzten Zeit immer mehr, da die Fabriken und Geschäfte stillstehen und die Einfuhr, besonders an Mehl, fast gänzlich fehlt, dagegen der Verbrauch der Landeserzeugnisse durch die Truppenansammlungen am Suezkanal sich sehr erhöht hat. Es kommt nicht selten zu blutigen Massendemonstrationen. Der Araber ist genügsam und in seinen Nahrungsmitteln gewiß nicht wählerisch, aber — er kaut eigentlich den ganzen Tag, und das fehlt ihm jetzt. Die Volksküchen in den größeren Städten genügen den Bedürfnissen der unteren Klassen bei weitem nicht.

Die Engländer haben nicht nur alles Gold der einheimischen Bevölkerung mit Beschlag belegt und ihnen dafür Banknoten gegeben, sondern sie haben selbst Privatschmuck aus Gold und Edelsteinen zu konfiszieren gewagt. Aus Furcht vor einem Aufstande nahm man den Fellachen sogar ihre dicken Stöcke und den Metzgern ihre großen Fleischmesser.

Anfang Januar dieses Jahres wurden drei Cookdampfer und zwei Schleppboote in Kairo durch Feuer vernichtet, bevor sie, auf der Werft in Kairo ausgebessert, wieder in den Dienst der englischen Regierung gestellt wurden. Ein Zufall war dieser Brand jedenfalls nicht!

Sehr bezeichnend ist folgende kleine Geschichte: Ein englischer und ein eingeborener Polizeioffizier wurden als Patrouille auf die Ostseite des Suezkanals geschickt, begleitet von zwei eingeborenen Bootsleuten und mit Verpflegung für vierzehn Tage. Sie kamen nicht mehr zurück; die Bootsleute hatten sie den Beduinen in die Hände gespielt. Nach späteren Nachrichten sollen beide Offiziere dem Kommando der türkischen Truppen in el-Arisch ausgeliefert worden sein.

Für einen Kenner des ägyptischen Volkes kann es nicht zweifelhaft sein, daß die von den Engländern am Nil angewandte Behandlung der Eingeborenen völlig falsch ist und daß die Entrüstung darüber unter den letzteren um so mehr wachsen muß, je mehr sie von den englischen Behörden bedrückt werden. Die Folgen werden nicht ausbleiben.

Der Suezkanal und seine Sicherung.

Die Länge des Suezkanals beträgt 161 Kilometer, von denen auf den gegrabenen Kanal 122 Kilometer und auf die Binnenseen 39 Kilometer kommen. Hinzuzurechnen sind noch die Meereskanäle in einer Gesamtlänge von 7 Kilometer, die in Port Said nach dem Mittelmeer und in Suez nach dem Roten Meer zu ausgebaggert werden mußten. Der Kanal ist ohne Schleusen angelegt und verläuft auf

140 Kilometer in gerader Linie, auf 21 Kilometer in Kurven. Sämtliche Ansiedelungen und Ortschaften, welche infolge des Baus des Suezkanals entstanden sind, liegen auf seinem Westufer.

Die Tiefe ist gegenwärtig durchweg auf 10,50 Meter gebracht und soll auf 11 Meter vervollständigt werden. In der Tiefe von 10 Meter ist die Kanalsohle im Laufe der Jahre auf mindestens 30 Meter erhöht worden; das würde in 8 Meter Tiefe einer Breite von 38 Meter entsprechen.

Die Breite schwankt zwischen 80 und 120 Meter im eigentlichen Kanal und zwischen 95 und 135 Meter an den Verbreiterungsstellen zum Ausweichen, von denen der Kanal zurzeit 23 oder, mit Einrechnung des Timsahsees und des großen Bittersees, 25 besitzt.

Er durchquert von Norden nach Süden folgende vier Regionen:

1. Bis Kilometer 59 die Einsenkungen des Menzalehsees und früheren, jetzt eingetrockneten Ballahsees.

2. 39 Kilometer Sandhügel, die die Höhe von 25 Meter nicht übersteigen, aber die eigentliche Wasserscheide zwischen dem Mittelmeer und dem Roten Meer bilden. Inmitten dieser Region liegt der Timsahsee, 10 Kilometer lang. Er bildet nach Osten das Ende des Wadi Tumilat und steht durch dieses Tal in direkter Verbindung mit dem Nil.

3. 35 Kilometer entfallen auf die Einsenkung der beiden Bitterseen. Der große, nördlicher gelegene, ist 22 Kilometer lang und über 15 Kilometer breit; der kleine ist ungefähr 3 Kilometer lang.

4. Auf 26 Kilometer Länge durchströmt der Kanal die

Ausläufer der Erhebungen, welche das Niltal vom Roten Meere trennen.

„Die alte Landbrücke zu Asien hinüber — sagt Professor Dr. Ernst Friedrich in seiner ‚Geographie des Welthandels und Weltverkehrs' — die Landenge von Suez ist heut, obwohl vom Suezkanal durchschnitten, noch in voller Stärke nutzbar zu machen und wird nach Erstarken des türkischen Reiches vermutlich in kurzer Zeit durch Anlage einer Eisenbahn Medina-Suez-Kairo die eminente Verkehrsbedeutung erhalten, die ihr gebührt. Denn hier führt der einzige und für absehbare Zeit allein zu benutzende Landweg der großen internationalen Verbindung Nordeuropa—Südafrika. Das Vorhandensein dieser Landbrücke ist eine verkehrsgeographische Tatsache ersten Ranges."

Am Suezkanal wird sich daher auch, wie schon wiederholt von mir betont worden ist, der eigentliche Kampf um die Weltstellung Englands abspielen und dort wird die letzte Entscheidung des gewaltigen Krieges fallen. Das hat man allmählich auch in England einsehen gelernt. In einem in der Times veröffentlichten Schreiben schildert Lord Cromer in den schwärzesten Farben die Gefahr, die für Großbritannien darin liegt, daß der Schwerpunkt des Krieges nach dem Orient verlegt worden sei, und in der Daily Mail sagte der bekannte politische Schriftsteller Lovat Fraser: „Die Schuppen fallen der Nation von den Augen. Wir merken in England jetzt, daß wir nicht nur Insulaner sind, und daß äußerst ernste Ereignisse herannahen. Der neue Balkankrieg schließt die Möglichkeit eines heftigen Schlages gegen das englische Reich ein. Deutschland blickt nach Ägypten, von da geht der Weg nach Indien, und von ihm hängt für Lancashire Sein oder Nichtsein ab."

Sehr treffend charakterisiert die politische Lage im „Nieuwen Rotterdamschen Courant" vom 17. November 1915 der jetzt in Holland befindliche Berichterstatter des Blattes aus Kairo: „Unverbesserliche Optimisten und Friedensschwärmer verlassen sich bestimmt und sicher darauf, daß infolge der Bedrohung des Suezkanals durch die zu einer festen Kette zusammengeschweißten vier Mittemächte Frieden in Aussicht wäre. England würde das Risiko eines Kampfes auf Tod und Leben nicht auf sich nehmen wollen und vorziehen, dem wirtschaftlich erschöpften (?) Deutschland die Pfeife für das große Friedenspalaver darzureichen. Das kommt mir aus zwei Gründen unwahrscheinlich vor. Erstens wird noch viel Wasser den Nil herabströmen, bevor die leitenden Staatsmänner am Themseufer davon überzeugt sein werden, daß die vereinigten Türken, Deutschen, Österreicher, Ungarn und Bulgaren — es ist allmählich auch eine ganze Versammlung geworden — es jemals möglich machen werden, bis an den Fuß der Jahrtausende alten Pyramiden vorzudringen. Zweitens, was auch von deutschen Diplomaten gesagt sein möge, sogar meistens durch Widersacher im eigenen Feldlager, kein verständiger Mensch wird von ihnen annehmen, daß sie, wenn Ägypten wirklich ein so großer Trumpf im jetzigen Kriegsspiel ist, dazu raten könnten, im Angesicht des gelobten Landes die Karten offen hinzulegen und ihren Feinden Zeit zu lassen, wieder zu Kräften zu gelangen."

Die arabische Wüste ist keineswegs eben, sondern durch

vulkanische Ausbrüche zum Teil in eine wilde Gebirgslandschaft mit tiefen, zerklüfteten Tälern verwandelt worden. Nicht unerhebliche, mitunter sogar bedeutende felsige Höhenzüge treten bis dicht an das östliche Kanalufer heran; dazwischen Wellen von Flugsand, die der Wind vorwärts- oder zurücktreibt. Eine Anzahl uralter Straßen kreuzt den Kanal, auf denen seit Jahrtausenden nur Kamelkarawanen verkehren, so die Straße von Port Said nach Syrien über Tineh, die Straße von Kairo nach Syrien über Kantara, diejenige von Kairo über Ismailia durch das Wadi Tumilat nach Syrien und endlich die Straße von Kairo durch die Pässe des Bergmassivs Atakah über Suez nach dem Berge Sinai und Mekka. Auf Fähren setzen die Karawanen von einem Ufer zum andern über. Als neue, durch den Kanalbau entstandene Verkehrswege sind zu nennen die Bahnen von Kairo nach Ismailia, von Ismailia nach Port Said und von Ismailia nach Suez.

Ehemals bildete die Kette von Seen und Sümpfen auf der Landenge von Suez kein unüberwindliches militärisches Hindernis und die Geschichte weist Beispiele genug auf, wo große Heere über die Wüstengebiete nach Ägypten oder vom Nil aus in andere Länder zogen. Ein Wasserstreifen von der geschilderten Breite und Tiefe des Suezkanals aber setzt dem Vordringen einer Armee von Osten her auf Ägypten nicht unerhebliche Schwierigkeiten entgegen, besonders wenn man berücksichtigt, daß seine Verteidigungslinie an beiden Flanken sich auf die Meere stützen kann und in ihrer Mitte der große Bittersee liegt. Erst gilt es, die Wüste el-Tih zu durchqueren und dann auf wirksame Entfernung Geschütze gut gedeckt in Stellung zu bringen, um die Verteidiger des Kanals unter Feuer zu nehmen. Letztere haben es weit günstiger. In ihrem Rücken liegt das reiche und fruchtbare Deltagebiet, und durch das angebaute und von guten Wegen durchzogene Wadi Tumilat mit dem Süßwasserkanal und den Bahnverbindungen nach Ismailia, Port Said und Suez können sie Truppen und Material aller Art leicht an den Kanal heranschaffen.

Die von den Engländern am Kanal selbst schon im Frieden angelegten befestigten Batterien, die jetzt vermehrt und verstärkt sein dürften, können schweren Geschützen großen Kalibers nicht lange Widerstand leisten. Vermutlich wird daher der Infanterie der Hauptanteil an der Verteidigung zufallen. Es sind hintereinander eine Reihe tiefer, unter sich verbundener Gräben angelegt worden nach Art der Schützengräben in Flandern, Frankreich und Rußland — Arbeiten, zu denen man viele Tausende von Eingeborenen zwangsweise herangezogen hat. Diese Werke erstrecken sich bis zum Nil und Kairo hin. An der Süd- und Nordgrenze des ägyptischen Landes sind größere, mit Artillerie versehene Befestigungen errichtet worden. Außer den Feldbefestigungen am Kanal hat man die Stellung noch durch eine künstlich herbeigeführte Überschwemmung gesichert, die zwischen Port Said und Kantara das östliche Ufer auf mehrere Kilometer und bis zu zwei Metern Tiefe unter Wasser setzt. Die in Port Said auch zu Friedenszeiten bestehende Station für drahtlose Telegraphie arbeitet natürlich weiter und der Leuchtturm daselbst dient Signalzwecken und beleuchtet nachts weithin das Ostufer des Kanals. Das Eastern Exchange Hotel, das höchste Bauwerk in der Nähe des Hafens, ist in seinen obersten Stockwerken mit leichten

Geschützen und Maschinengewehren ausgerüstet. Zahlreiche Wasserflugzeuge sind ferner in Port Said stationiert. Im Kanal sind Kriegsschiffe, Kanonenboote und Monitore verankert und bewaffnete Panzerzüge stehen auf der Bahnlinie bereit, die an ihm entlang läuft. Die Linie Zagazig—Ismailia, als strategisch wichtige Verbindung zwischen der Suezkanalbahn und dem übrigen Ägypten, wurde zweigleisig ausgebaut. Was sonst an privaten, vielfach aus italienischen Blättern stammenden Nachrichten über die Verteidigungsmaßnahmen der Engländer und die Stärke der zusammengezogenen Truppen zu uns gedrungen ist, wollen wir hier nicht erwähnen. Die Angaben widersprechen sich zu sehr und können auch selbstverständlich auf ihre Zuverlässigkeit nicht nachgeprüft werden. Führer der britischen Streitkräfte im Niltal war zu Anfang des Krieges General Byng, der aber sehr bald durch den General Sir John Maxwell abgelöst wurde. Letzterer ist etwa 58 Jahre alt und hat lange in Ägypten gedient. Bis 1912/13 befehligte er dort die englische Besatzungsarmee, wurde aber damals zur Disposition gestellt und erst im Herbst 1914 wieder nach Kairo berufen. Seine Befähigung für die große, ihm jetzt anvertraute Aufgabe wird er erst noch beweisen müssen. Es ist mir bekannt, daß er unter seinen Offizieren früher nicht als besonders begabter Feldherr galt.

Die Sperrung des Suezkanals.

Mitte Dezember 1915 beschlossen zunächst die holländischen Reedereien, zur Fahrt nach dem Indischen Ozean den Weg nicht mehr durch den Suezkanal, sondern um das Kap der Guten Hoffnung herum zu wählen. Damals schrieb die Times, der Kohlenmangel wäre nicht die wirkliche Ursache dieser Entscheidung, denn wenn der Preis der Kohlen auch bedeutend höher sei als zu Friedenszeiten, so seien in Port Said und den anderen Stationen des Mittelmeeres doch genügend Vorräte vorhanden, und die Ersparnisse, die man durch die billigeren Bunkerkohlen in Natal erziele, kämen gegenüber den erheblichen Kosten, welche die Verlängerung der Reise um 10 bis 12 Tage mit sich brächte, gar nicht in Betracht. Man müsse deshalb annehmen, daß das Erscheinen der deutschen und österreichischen Unterseeboote im Mittelmeer den Beschluß der Reeder veranlaßt habe. Es seien dort neben englischen Schiffen auch solche neutraler Staaten torpediert worden. Die Direktoren der niederländischen Schiffahrtsgesellschaften wollten daher offenbar ihre Passagiere und ihr Schiffsmaterial nicht „versehentlichen Angriffen" deutscher oder österreichischer Unterseeboote aussetzen. Der „Daily Telegraph" bemerkte, die Holländer könnten die Schuld an allen Verlusten und Unbequemlichkeiten, die sie jetzt erfahren müßten, nur den Deutschen zuschieben; diese, an einer Entscheidung auf dem Hauptkriegsschauplatze verzweifelnd, wagten nunmehr einen Vorstoß in einer neuen Richtung. Aber schon wenige Tage darauf wurde bekannt, daß auch die englischen Reeder den Suezkanal bald würden meiden müssen. Als Grund verlautete, die Schließung dieser wichtigen Verkehrsader sei von der britischen Regierung geplant. Den „Daily News" war hierzu aus Port Said berichtet worden, daß für Ende Dezember und Anfang Januar große Transporte hauptsächlich australischer Truppen am Suezkanal erwartet werden, die nicht auf dem europäischen Kriegsschauplatz Verwendung finden sollten. Außerdem liege bereits im Kanal eine starke Flotte englischer und französischer Kanonenboote, die mit Maschinengewehren und Scheinwerfern ausgerüstet seien. Vorbereitungen würden getroffen zur Unterbringung großer Massen von Soldaten. Nach italienischen Meldungen sollten ferner einige Regimenter Buren dort angekommen sein, die ursprünglich gegen Deutsch-Ostafrika bestimmt waren, und die Athener Zeitung „Neon Asty" meldete, daß General Maxwell über mindestens 300 000 Mann verfüge. Bald stellten auch die französischen Schiffsgesellschaften die Fahrt durch den Suezkanal ein und die Entschließung der italienischen kann nicht zweifelhaft sein. Der Temps bemerkte hierzu mit begreiflichem Ärger, die Zentralmächte hätten die Schiffahrt um 50 Jahre zurückgebracht. Der Hafen von Port Said wurde am 25. Dezember für den Verkehr geschlossen.

Nun erhebt sich dort auf der westlichen Mole, die den Nilschlamm aufhalten soll, das hohe Standbild des Franzosen Ferdinand von Lesseps, des Onkels der Kaiserin Eugenie von Frankreich, den Lord Palmerston im englischen Unterhause am 7. Juli 1857 als „Abenteurer" bezeichnete, der jedoch wenige Jahre darauf, vom Glück getragen, den Suezkanal nach den Plänen des allzufrüh verstorbenen Österreichers von Negrelli bauen durfte. Stolz deutet er mit seiner Rechten auf den Eingang des von ihm geschaffenen Seewegs hin, mit dessen glanzvoller Eröffnung einst dem Weltverkehr neue Bahnen gewiesen wurden und der nun verödet und tot daliegt, argwöhnisch bewacht von England, das in ihm jetzt seine Weltherrschaft versinken sieht.

„Für kein anderes Land aber wird die Unbenutzbarkeit des Kanals auch nur annähernd so verderblich sein wie für England selbst, England, das vor 50 und 60 Jahren die bedenklichsten und moralisch verwerflichsten Mittel anwandte, um den unerwünschten Lessepsschen Kanalbau im Keime zu ersticken, England, das als einziger Kulturstaat der großen Eröffnungsfeier des Kanals am 16. und 17. November 1869 demonstrativ schmollend fernblieb. England hat seit dem ersten Betriebsjahr 1870 mehr Vorteil aus dem Kanal gezogen, als alle anderen Nationen zusammengenommen. Der Geniestreich des Disraelischen billigen Ankaufs der Aktienmehrheit im Jahre 1875, der die von der englischen Regierung so wütend befehdete Wasserstraße im wesentlichen zum Eigentum derselben englischen Regierung machte, bedeutete nur die nach außen hin sichtbare Dokumentierung einer vom ersten Betriebsjahr an feststehenden Tatsache. Die englische Schiffahrt hat in den ersten Jahrzehnten rund 80 Prozent, in den letzten rund 60 Prozent Anteil am gesamten Suezkanalverkehr gehabt." (Dr. Richard Hennig.) Die Beteiligung der Nationen an Schiffahrt durch den Kanal und die aus ihr erzielten Einnahmen in den letzten Jahren kurz vor dem Kriege geht aus nachstehenden Zahlenangaben hervor.

Der Schiffsverkehr durch den Suezkanal hatte sich im Jahre 1913 gegen das Vorjahr vermindert. Den Kanal durchfuhren 4979 Dampfschiffe mit 19758040 Register-Tonnen gegen 5373 Dampfschiffe mit 20275120 Register-Tonnen im Jahre 1912.

Die britische Flagge war mit 2902 Schiffen oder 58,4 Prozent, die deutsche Flagge war mit 771 Schiffen oder 17,5 Prozent,

die niederländische Flagge war mit 315 Schiffen oder 6,3 Prozent,

die französische Flagge war mit 255 Schiffen oder 5,1 Prozent,

die österreichisch-ungarische Flagge war mit 244 Schiffen oder 4,9 Prozent

beteiligt. Die Zahl der deutschen und französischen Schiffe hatte gegen das Vorjahr (1912) um 73 bzw. 35 zugenommen, während die der britischen und niederländischen um 156 bzw. 24 zurückgegangen war.

Vom 1. Januar bis 3. Dezember 1915 beliefen sich, wie die „Times" meldet, die Einnahmen auf 84760000 Frank gegen 112380000 im gleichen Zeitraum des Vorjahres. Nach Schätzungen Sachverständiger wurde bis zum Abschluß des Jahres 1915 mit einem Ausfall von insgesamt 30 Millionen Frank gerechnet. Die Dividende, welche seit einer längeren Reihe von Jahren durchschnittlich 165 Frank betrug, sank schon im Jahre 1914 auf 120 Frank herab. Da man aber unter diesen letzten Dividendenbetrag unter keinen Umständen heruntergehen möchte, so wurde beschlossen, die Kanalgebühren für die Tonne von 6,25 auf 6,75 Frank zu erhöhen. Der Satz für Schiffe in Ballast wird von 3,75 auf 4,25 Frank steigen.

Ein Vergleich zwischen den ersten neun Monaten der Jahre 1913 und 1915 zeigt, daß die Durchfuhr auf 11408142 Tonnen gesunken ist. Im Jahre 1913 betrug die Durchfuhr deutscher, österreichischer und türkischer Schiffe allein zusammen schon 3152531 Tonnen. Während der

Kriegszeit fällt diese natürlich ganz aus. Der Anteil aus der Schiffahrt der jetzt mit England im Kriege lebenden Staaten erreichte im Jahre 1913 21,18 Prozent des Gesamtdurchschnittes. Der Gesamtrückgang im Schiffsraum wird auf 23,32 Prozent veranschlagt. Wie ein Pariser Telegramm vom 3. Januar 1916 besagt, sind die Aktien der Suezkanal-Gesellschaft, die schon seit längerem nicht mehr in Paris notiert werden, in jüngster Zeit außerhalb der Börse 500 Frank unter dem letzten Kurs umgesetzt worden.

Die englische Presse versucht natürlich, die Befürchtungen, die an die Vermeidung des Suezkanals geknüpft werden, als weit übertrieben hinzustellen und meint, wenn auch die bisherige Verbindung mit Indien für England abgeschnitten sei und der Weg um das Kap der Guten Hoffnung herum einen größeren Aufwand an Zeit und Kosten erfordere, so wären die Folgen davon für das britische Reich doch weit leichter zu überwinden, als die wirtschaftliche Abschließung für Deutschland. Als England sich in Indien festsetzte, habe der Kanal doch auch noch nicht bestanden. Man müsse eben baldigst die Fahrt um Afrika herum organisieren. Und um nach Australien und Japan zu gelangen, habe man ja den Panamakanal. (Der ist nun leider inzwischen für jeden Verkehr infolge von Erdrutschungen geschlossen worden, und seine Wiedereröffnung scheint noch in weiter Ferne zu liegen!) Die Unbenutzbarkeit des kürzesten Seewegs nach Indien sei wesentlich eine Geldfrage, die aber könne nicht ausschlaggebend sein, wo so mit Milliarden gerechnet werde. Man gibt wohl zu, daß die Eroberung Ägyptens durch die Türken ein großes Unglück für England sein würde, aber noch lange keine Veranlassung, Frieden zu schließen.

Was war nun der eigentliche Grund für die Reedereien, den Suezkanal zu meiden? Die Schiffe des neutralen Holland haben nichts von den deutschen oder österreichischen U-Booten zu befürchten und die Holländer waren doch die ersten, die ihre Schiffe nicht mehr durch das Mittelmeer den Weg nach dem Kanal einschlagen ließen. Daß der englische Dampfer „Southampton" im Kanal selbst auf eine türkische Mine gestoßen und gesunken ist, konnten sogar die Londoner Blätter nicht vertuschen und man geht daher wohl nicht fehl in der Annahme, daß die Schiffahrt im Kanal selbst schwer bedroht ist. Schon im April 1915 waren türkische Minen im Kanal gefunden worden zum nicht geringen Entsetzen der englischen Heeresleitung. Wahrscheinlich ist in letzter Zeit auch die Strandungsgefahr im Kanal bedenklich gewachsen, denn die unumgänglich notwendige Baggerarbeit mußte infolge der militärischen Operationen trotz der immerwährenden Sandverwehungen sehr eingeschränkt werden. Ob auch eine unmittelbare Bedrohung des Kanals durch das türkische Expeditionsheer mitgewirkt hat, um die Reeder zur Meidung des Suezkanals zu zwingen, kann nicht festgestellt werden, ist aber wohl anzunehmen. „Gleichviel, welches die letzten Ursachen des Entschlusses der Reedereien gewesen sein mögen," sagt Richard Hennig, „uns interessiert zunächst am meisten die Frage, welche wirtschaftlichen Folgen diese einschneidende Neuerung haben wird, und besonders, welches die Rückwirkung auf das unserm Herzen sehr nahestehende britische Wirtschaftsleben sein wird. Der Umstand, daß die ohnehin schon vorher gewaltig verteuerten Frachtsätze für die englischen Indientransporte auf Grund der Ankündigung von der Meidung des Suezweges um Mitte Dezember im Lauf eines einzigen Tages um 30 bis 40 Prozent anzogen, spricht schon deutlich genug für die geradezu katastrophale Wirkung einer langandauernden Sperrung des Suezkanals."

Verantwortlich für die Redaktion: Dr. Georg Hirzel in Leipzig.

FSC
www.fsc.org
MIX
Papier | Fördert
gute Waldnutzung
FSC® C083411

Zeitfracht Medien GmbH
Ferdinand-Jühlke-Straße 7
99095 Erfurt, Deutschland
produktsicherheit@kolibri360.de